Vrouwen zijn leuker

Van Joyce Roodnat verschenen eerder:

't Is zo weer nacht
Sterrenschot
Een kwestie van lef
Een kwestie van nog meer lef

Joyce Roodnat

Vrouwen zijn leuker

Zeventien sterke aanwijzingen

2010
Uitgeverij Contact
Amsterdam/Antwerpen

© 2010 Joyce Roodnat
Auteursfoto Tessa Posthuma de Boer
Omslagontwerp en -illustratie Herman van Bostelen
Typografie binnenwerk Suzan Beijer
Drukker Drukkerij Wilco, Amersfoort
ISBN 978 90 254 3516 5
D/2010/0108/964
NUR 450

www.uitgeverijcontact.nl

Inhoud

Inleiding

Iemand begint aan een song. Aan een opera. Aan een roman.

Een schilder kiest een penseel, een filmer kijkt door de camera, de choreograaf zet zijn dansers op een rijtje.

Wat nu?

Dat weten ze nog niet.

Maar ze beginnen allemaal hetzelfde.

Bij de werkelijkheid.

En die werkelijkheid zit vol met vrouwen.

Wat er ook gebeurt, meestal zijn zij mans genoeg om het goed te hebben. Op hun manier dan. Vaak is die manier wonderlijk, en dat levert de schilder, de schrijver, de filmer, de choreograaf (allen m/v) stof zat voor iets moois.

Dat moois is de basis voor dit boek.

Het vertelt over de mamma's, de minnaressen, de echtgenotes. Over de machtswellustelinges. Over de meisjes met altijd slaap in hun ogen. Over het slag dat niet bang is om zichzelf stevig te vernederen. En dat niet kijkt op een wijvenstreekje meer of minder.

Vrouwen zijn leuker.

Leuker dan je denkt.

1

Mevrouw de vrouw

Het huwelijk is heerlijk

I did not have sexual relations with that woman... miss Lewinsky.

Het was het overspel van de eeuw: de president van de Verenigde Staten die zijn First Lady bedroog met een stagiaire. Het hoogtepunt van het drama waren de televisieseconden waarin **Bill Clinton** zijn vrouw Hillary opnieuw bedroog, tweevoudig en voor het oog van de hele wereld. Hij ontkende zijn verraad van hun huwelijk. En in één adem deed hij net of hij trouwens niet eens precies wist hoe zijn veronderstelde minnares ook alweer heette: 'that woman...' zei hij. En na een pauzetje voegde hij eraan toe '... Miss Lewinsky'.

Je moet er niet aan denken hoe verloren Monica Lewinsky zich moet hebben gevoeld toen ze hem dat zag en hoorde zeggen. 'That woman' was zij.

Die vrouw.

Iemand zonder gezicht, een ding zonder belang. En na een denkpauzetje, dat haar wegzette als een passante, was ze een 'miss'. Zonder voornaam. Een juffrouw als iedere andere juffrouw.

Al snel werd de exegese van de uitdrukking 'sexual relations' ingezet. Wat had Bill Clinton precies bedoeld met die woorden? Er werd beweerd dat er in de vs alleen bij penetratie sprake is van seks. In dat geval had hij niet gelogen. Dan was er alleen sprake van wat geile vrolijkheid in het Oval Office, ondanks zijn sperma op Monica's jurk en haar clitoris onder zijn havanna.

Het leek op een partijtje Twister, dat quasihippe gezelschaps-spel uit de jaren zeventig: op een krap speelveld steunen de deelne-mers op handen en voeten op gekleurde cirkels, over elkaar heen en onder elkaar door. Lichaamsdelen puilen uit. Men raakt elkaar aan op onbetamelijke plekken.

Net zo stonden Bill, Hillary en Monica te kijk.

Bill hield het niet meer. Hij viel en hij sleurde Monica mee. De derde wankelde, maar zij bewaarde haar evenwicht. Hillary Clin-ton, geboren Rodham.

Ook zij zat te kijk voor de tv-camera's. De vrouw die opzij ge-schoven was voor seks met een ander, de vrouw die blijkbaar niet goed genoeg was in bed.

Gênant!

Haar man had een evidente leugen uitgesproken. Een leugen om bestwil, niet om hun huwelijk te redden, maar zijn presidentschap.

Nog gênanter!

En wat zei zij?

Ze zei dat ze hem steunde.

En ze zei dat zo: '*I stand by my man.*'

Met die woorden weerklonk direct in ontelbare hoofden de snik in de countrystem van **Tammy Wynette**. Met haar song 'Stand by your man' in de hand vindt menige vrouw dat een huwelijk het redden waard is. Wie te klagen heeft over haar echtgenoot verlaat hem niet, ze houdt hem in ere. '*Keep giving all the love you can*' beval Tammy, nadat ze in de eerste regel van de song had vastge-steld: '*Sometimes it's hard te be a woman...*'

Ja, dat is moeilijk. En met harde argumenten komt Tammy niet. Maar: steun je man. Ook als dat nergens op slaat.

Hillary Clinton wist dat haar echtgenoot loog; natuurlijk wist ze dat. Maar ze gehoorzaamde aan de Wet van Wynette. Cynici bewe-ren dat ze Bill uit berekening niet liet vallen. Naast hem zou ze de meeste kans hebben om haar politieke ambities waar te maken. Los van de vraag of ze hem daar nog voor nodig had (ze was van zichzelf al beroemd en berucht genoeg, en zijn verraad had ze zelfs politiek kunnen exploiteren), gedroeg ze zich niet anders dan de meeste vrouwen.

Woody Allen stelde het meermalen vast: een man kan met overspel wegkomen mits hij het stoïcijns blijft ontkennen. Ook al word je betrapt terwijl je óp een andere vrouw ligt, dan nog zeg je: 'het is niet wat jij denkt'.

Vrouwen zijn niet gek, die snappen hoe de vork in de steel zit. Maar ze willen graag getrouwd zijn; daarom vatten ze een leugenachtige ontkenning graag op als blijk van goede wil. Dus doen ze of ze het geloven.

Het bevalt vrouwen om getrouwd te zijn. In getrouwd-zijn bereiken ze grote hoogten en ze houden er graag aan vast. Daar bestaan biologische verklaringen voor. Aangezien mensenkinderen nogal wat tijd nemen om zelfstandig te worden, is een vaste relatie van een moeder met een man goed voor het nest. Niet minder dan het voortbestaan van onze soort zou daar dus van afhankelijk zijn. In die zin is het nog voordeliger. Daarom is het aan te raden om zo'n verbintenis officieel te bezegelen, want dan kunnen de partijen er moeilijker onderuit. Voilà: het huwelijk. Dé culturele oplossing voor een eis die de natuur aan ons stelt.

Nu ja, zo kunnen we het uitleggen, en misschien begon het samenleven van vrouw en man ooit zo. Maar de natuur is inmiddels een hoogbejaarde despoot. En al ver voor de jaartelling werden die huwelijkswetten niet georganiseerd door vaders en moeders, maar door mensen met opvattingen over mijn en dijn. Zij creëerden dat huwelijk niet om de natuur te gehoorzamen. Ze gebruikten de natuurlijke neiging van mensen om zich voor enige tijd te verbinden met een lid van de andere sekse om bezit en macht veilig te stellen. Want het huwelijk gaat allang niet meer over het voorbestaan van de menselijke soort. Het huwelijk dient het voortbestaan van de eigen groep.

Was zo'n huwelijk goed voor het kind? Nou, nee. Dat kind is vaak gesjochten als er getrouwd wordt. Lees geschiedenisboeken alsof het familiegeschiedenissen zijn en je komt uit op kinderen als fiches in partijtjes blackjack. Ze zijn de garantie voor de ouwe dag van hun ouders, nadat ze eerst gratis arbeid hebben geleverd. Ze worden uitgehuwelijkt aan een partij die gepaaid moet worden. Ze doen dienst om bezit te vergroten, om bondgenootschappen te bevestigen of om een derde partij af te troeven. Voor kinderen uit een eerdere verbintenis kon een huwelijk zelfs levensbedreigend zijn. Prinsjes worden vermoord, baronesjes worden verstoten.

Ook nu zijn er nog veel huwelijken gearrangeerd (ook in westerse families komt dat voor, bij alle gezindten en in alle maatschappelijke lagen wordt er fors gekoppeld, laten we ons vooral niks verbeelden). Want kinderen vervullen nog altijd een belangrijke rol in de status van hun ouders en in de verwezenlijking van de dromen van die ouders. Nee, een lastdier zijn kinderen niet meer. Nu doen ze dienst als knuffeldier.

Uit de starre huwelijkse tradities ontsprong het ideaal van de zorgeloze vrijgezel.

Een ongebonden man hoeft niks. Niemand profiteert van hem of zeurt aan zijn kop. Maar wordt hij aan de haak geslagen dan is het uit met de pret.

Aan de andere kant van dit spectrum staat de oude vrijster. De ongebonden vrouw is een beklagenswaardige figuur – nog altijd, alle vrouwenrechten en happy-singlesclubs ten spijt.

'I have always depended on the kindness of strangers,' zei Blanche DuBois in *A Streetcar Named Desire*, hét oudevrijstertoneelstuk. Het zinnetje werd het motto voor ongetrouwde vrouwen, de eeuwige oudere meisjes. Afhankelijk van vreemden zijn ze, want zelf kunnen ze niks.

Stella, Blanche' zuster, deelt het huwelijksbed met Stanley Kowalski. En daar houdt ze, tot Blanche' ontzetting, niet mee op, ook al is hij gewelddadig en grof en een verkrachter.

Tegen beter weten in? Het lijkt er niet op. Stella weet hoe Stanley is. Ze toont zich regelmatig geschokt, maar verbaasd is ze nooit. Ze scheldt hem uit, ze stuurt hem weg. Ze huilt en ze klaagt, maar uiteindelijk trekt ze zich er niks van aan. Ze wil Stanley, koste wat het haar kost. Ze wil getrouwd zijn, ook als het niet leuk is.

Vrouwen zijn graag als Stella. Onwetenden, zoals Blanche, noemen dat triest, maar ze vergissen zich. Die onwetenden hebben geen idee.

Het mooiste huwelijk is iets als ballroomdansen met **Fred Astaire**. Astaire is dun en klein en kalend, erg knap is hij niet. Zijn uiterlijk doet niet ter zake, waar het om gaat is dat hij het beste haalt uit de vrouw die in zijn armen zweeft. Ze bereikt grote hoogten, ze weet dat uitglijden met iemand als hij niet bestaat.

Denk erom: hij leidt, zij volgt – zo gaat dat op de dansvloer, in haar huwelijk. Veel vrouwen laten met zich sollen. Ze spelen met verve de rol van een echtgenote die zich gedraagt als een soort oudste dochter. Ze laten zich verzorgen, vertroetelen, de les lezen. Ze doen hun best om pappies aandacht te verdienen. Met ijzeren discipline gehoorzamen ze aan de eisen van hun echtgenoot.

Ze poseren als de zwakste, maar ze zijn de sterkste. Ze zijn misschien gek, maar hun waanzin is systematisch, bewonderenswaardig, misschien wel benijdenswaardig.

In *The Portrait of a Lady*, de roman van Henry James die de Nieuw-Zeelandse cineaste Jane Campion omtoverde tot een ruisende kostuumfilm, wordt geschetst hoe zoet zulke waanzin smaakt als je van bitter houdt. Het verhaal speelt zich af aan het eind van de negentiende eeuw. De jonge Isabel Archer wijst twee aanzoeken af, niet van malloten, maar van gefortuneerde, aantrekkelijke jonge mannen die haar oprecht adoreren. Niemand snapt dat. Haar familie vindt het onverstandig – nu ja, bespottelijk.

Door een erfenis wordt Isabel Archer rijk, erg rijk. Nu kan ze huwen wie ze wil. Dat doet ze, en hoe. Ze kiest voor de evidente gelukszoeker die ze ontmoet te midden van de zieke schoonheid van Venetië.

Niet doen! roept haar familiekring. Een windbuil! sneert haar milieu. Slecht nieuws! janken wij, de lezers en de filmkijkers. Je bent te lief, te mooi, te intelligent en vooral te rijk om je te vergooien aan die etter! Hij is een kille estheet, vroeg oud, niks waard...

Maar er is geen houden aan. Isabel Archer zegt ja, en scheept zich in voor een hellevaart.

De frêle Isabel van actrice Nicole Kidman lijkt geen partij voor de adder die John Malkovich speelt, zoals hij dat zo weerzinwekkend goed kan – ogen als kieren, lispelend of zijn tong gespleten is.

Hij buit haar uit, zij laat zich kleineren. Hij vernedert haar, maar hij houdt haar net heel genoeg om haar telkens nog verder te vertrappen. Het is verschrikkelijk om mee te maken, maar we zien ook hoe taai ze is en hoe ze hem uitdaagt om moreel steeds dieper te zinken.

Ze is hem de baas. Want wat hij ook doet, steeds komt ze hem in de stinkende hitte van Venetië tegemoet, snikkend en brekend, maar toch. Hij wil haar op een zijspoor parkeren, maar zij wil hém. Ze wil haar huwelijk en daar houdt niemand haar vanaf, al helemaal niet die sadist van een echtgenoot van haar.

Ik ben dol op deze vrouw. Ik zie haar lijden en ik denk: *That's my girl*, Isabel. Veiligheid is het vagevuur. Liever sterk dan verstandig. Wees jij maar onverstandig en onverschrokken.

Kijk nu naar Isabels spiegelbeeld: de vrouw die haar man behandelt als haar oudste kind. Zo'n man die zich braaf laat beknorren, die aan haar rokken hangt, die druk doet en puberaal. Een jan hen, een pias, een lummel. En hun vrouwen vinden dat heerlijk.

Zo heeft **Tarzan** de schijn mee. Opgevoed door wilde dieren, gespierd, nobel, de heerser van de jungle. '*Tarzan says no*' – zijn wil is wet.

Nou... neu.

Zijn Jane pakt hem aan en ze pakt hem in. Ze bewondert hem van top tot teen (alle acteurs die Tarzan speelden hadden mooie voeten). Hij mag mensen redden en aan lianen zwaaien en met zijn beesten spelen. Hij mag iedereen te hulp schieten, hij mag gemenerds hun vet geven. Maar hij moet wel op tijd thuis zijn. Bij haar. Want hij is háár man.

De moeder-mevrouw kan het uit pure huwelijksdrift nóg bonter maken. In de romanreeks *Het Bureau* van J.J. Voskuil behandelt Nicolien haar man Maarten duizenden pagina's lang als een hond.

Hij geeft pootjes en zit mooi. Hij laat zich haar zorg aanleunen, net als haar strafjes en haar geknuffel.

Er wordt door Maarten gebeten en aan de lijn getrokken. Vaak houdt hij van het vrouwtje, maar hij doet ook regelmatig maar alsof. Het goeie is: Nicolien calculeert dat allemaal in. Ze ergert zich elke dag wild aan haar man en toch geniet ze als een bezetene van haar huwelijk.

Pathetisch? Nee hoor. Ik genoot per boekdeel meer van haar. Zo ergerniswekkend overrompelend speelt ze haar overmacht uit, zo gul gokt ze op hun huwelijk. Ze hangt rücksichtslos de keizerin van haar mini-universum uit. Haar Maarten kan zonder haar niet bestaan. Het idee dat hij haar nodig heeft, heeft zij nodig. Ze gromt, maar ze doet het fluitend. Want ze heeft wat ze wil – een exclusieve band met die ene man.

Een goed huwelijk wordt als een wonder beschouwd. Eén op de drie huwelijken schijnt naar de ratsmodee te gaan. Het paar dat na dertig jaar nog altijd aan elkaar verknocht is, kan rekenen op ongelovig commentaar.

Maar ze bestaan, zulke stellen. Ik weet er alles van. Ik veroverde mijn echtgenoot op zijn vorige vrouw, en hoewel ik weet dat ik dan zedig moet zeggen dat dat niet aardig van me was, ligt de waarheid anders. Ik had groot gelijk. (Hij ook trouwens.) Dit was de man die ik moest hebben, dus maakte ik me sterk en ging ik de strijd aan. *A girl's gotta do what a girl's gotta do.*

Ik ben de enige niet. Ik ken er velen die hard gevochten hebben voor hun man, en de meeste van die huwelijken overleven. Niet omdat alleen-zijn vervelend is. Alleen-zijn is best te doen. Trouwens, als ik niet met deze persoon leefde, dan was ik vermoedelijk liever alleen gebleven.

Het vreemde is dat ik denk dat het echt voor altijd is. Een goed huwelijk doet niet aan realiteit, het verkiest de waan. Het ontkent de dood, want die past niet in het concept van altijd samen, altijd met die ene. Hoe compromisloos vrouwen die waan en daarmee hun huwelijk kunnen huldigen is het onderwerp van de film *Sous le sable*.

We zien een echtpaar van middelbare leeftijd aankomen bij een vakantiehuis aan de Franse kust. Zij is tanig, hij zwaar. Een onopvallend koppel.

Het huis is duidelijk bekend terrein. Ze maken het vakantieklaar volgens ingesleten patronen, alsof ze één organisme zijn. Ze praten niet veel. Kennelijk zijn ze al zo lang samen dat ze vanzelf weten wat de ander gaat of kan zeggen.

Voor jonge stellen is dat een beklemmend vooruitzicht. Die gruwen in restaurants van tafelende echtparen die samen zwijgen, of nog erger: die elk een katern van dezelfde krant zitten te lezen.

Dat woorden inderdaad overbodig kunnen worden, geeft niet. Wie dat zelf ondervindt weet dat het niet betekent dat je niet meer praat. Af en toe niks hoeven zeggen is het bewijs van gelouterde genegenheid.

Het paar van *Sous le sable* gaat naar het strand. De man gaat zwemmen, de vrouw doet een slaapje. Ook nu voel je in hun bewegingen dat ze dit al tientallen vakanties zo hebben gedaan.

De vrouw ontwaakt. Ze is verbrand. Anders dan anders werd ze niet door haar man gewekt.

Haar man is weg. Haar man blijft weg. Hij is verdronken, wordt haar verteld.

De vrouw gaat er niet op in. De dood bestaat niet, hun huwelijk was voor altijd, dus haar man is níet dood. Ze keert terug naar Parijs. In hun huis ziet ze hem af en toe; dan hebben ze even contact. Dat verder de hele wereld van zijn dood uitgaat, moet die wereld weten. Dat die wereld haar uitdaagt eens met een andere man te vrijen vindt ze best (ze schiet na gedane zaken in de slappe lach: wat een lichtgewicht ventje vergeleken met haar eigen man). Zelfs als ze wordt geconfronteerd met een halfvergaan lijk, handhaaft ze haar verschansing tegen de wereld en zijn logica.

Zij doet niet mee, want haar man is er voor haar. Ze koopt een mooie trui voor hem. Haar huwelijk bestaat, en dat bewaakt ze. Ze wil met hem leven, niet alleen met zijn herinnering. Ze denkt hem levend. En als je haar zo ziet, geloof je dat een vrouw zoiets kan.

Haar vertrouwen in de onwrikbaarheid van hun huwelijk zou pijnlijk kunnen zijn. Maar *Sous le sable* is niet pijnlijk; integendeel, eigenlijk is het een diep romantische film.

Ik kijk. Ik huil. De vrouw op het doek niet. Die is zeker van haar huwelijk. Dat kon al zonder veel woorden, welnu – het houdt ook stand nu hij... O nee, dat is niet zo.

Op het schilderij zie ik het huwelijkse hunkeren waar vrouwen in excelleren.

Ze doen samen een dutje. Even liggen, op de deken, niet eronder. Hun saamhorigheid sluimert mee, in de bruine en de oranje trui, in het warme bruin van de radiator, in het oranjebruingebloemde behang. Er valt een gloed op de benen van de vrouw. Haar rok is wat opgeschort, haar knieën en kuiten zijn zacht. Ik kijk naar haar stevige lichaam en voel hoe zeker zij zich voelt in haar huwelijk.

Ib and her Husband heet het schilderij. Lucian Freud schilderde het.

Ib, Isobel, is zijn dochter; dit schilderij is haar verhaal.

Ze ligt lepeltje lepeltje met haar echtgenoot op een eenpersoonsbed. Zijn zware linkerarm over haar middel, zijn dampende lijf achter haar, ze zijn een beproefde ervaring.

Ibs man ligt achter kaap kont. Ik kijk en kijk, en ik voel dat hij zich gelukkig prijst. Hij heeft zijn lichaam naar het hare gevoegd. Hij verschuilt zich, zij staat voor hem haar mannetje. Hij zoekt veiligheid. Zij dekt hem en keert het risico niet de rug toe. Integendeel, risico is avontuur. Ze biedt dat avontuur haar uitnodigende lichaam.

Hun hoofden delen een kussen. Hij slaapt, ik zie het aan zijn ontspannen handen, aan de vergleden uitdrukking op zijn stille gezicht.

Slaapt zij? Misschien wel. Misschien niet.

Zeker is dat ze glimlacht.

2

Vriendin op de tast

Vrouwen houden
van vrouwen

De **Venus van Hohle Fels** werd gesneden uit het ivoor van een mammoet. Ze is klein. Ze past in een vuist, met de vier vingers als haar bed en dan kan de duim haar deken zijn.

Haar hoofd is een lusje. Dat hoofd hoeft even niet. (Dat is niks bijzonders, voor een Venus. De ene doet het zonder armen, deze doet het zonder hoofd.)

Deze Venus is haar borsten, toeters die zich tepelloos verheffen. Ze is ook haar zware buik. Ze is haar heupen, haar platte flinke billen. Ze is de kerf die zich tussen haar benen slingert.

Ze is bleek beige – de huidskleur van midden-Europa.

Ze is tussen de 36 000 en 40 000 jaren oud

Ze is weelde.

Een groep archeologen trof de Venus van Hohle Fels in stukjes en brokjes aan in het slik in een grot in Schwaben, in zuidwest Duitsland. Ruwweg gesproken stamt ze uit de periode dat *Homo sapiens* zich in Midden-Europa thuis begon te voelen.

Nou hadden deze archeologen al veel beeldjes uit die tijd gevonden, en die verwezen altijd naar de jacht. Ze verbeeldden paarden, herten, mammoeten. De studente die de stukken van de Hohle Felser Venus opgroef en in elkaar puzzelde, versleet haar dan ook voor een berenkopje.

Haar collega's kantelden het beeldje. Zij zagen dat die berenoren geen oren waren, maar borsten. Mensenborsten. Dit was een vrouw.

De oudste menselijke sculptuur die ooit is teruggevonden.

Een abstractie kun je haar niet noemen, maar ze beantwoordt ook niet aan de werkelijkheid. Er is in veertig eeuwen veel veranderd, maar ook toen lukte het een lichaam niet om de zwaartekracht te overwinnen. Ik bedoel dat borsten die zo groot zijn als die van haar, niet zo overeind kunnen staan. Zulke borsten – vrede zij met hen – zoeken de grond en daarbij vlijen ze zich tegen de torso waar ze aan vast zitten.

De Venus van Hohle Fels lijkt mij de realistische weergave van een fantasie. Van een gulzige fantasie, zou ik willen zeggen.

Waarom? Nou, bijvoorbeeld hierom:

...She's got it,
yeah baby,
she's got it...
Well, I'm your Venus,
I'm your fire
at your desire...

★ Zo zong **Shocking Blue** het, buiten adem, opgewonden, voortgejaagd door de strakgespannen snaren op een kale gitaar.

Zo klinkt het gevoel dat een goede Venus je aandoet.

Weten doen we niks. Het is onmogelijk te achterhalen of de fantasie van de Venus-maker gulzig was of niet.

Of van haar maakster. Kan ook – waarom niet?

Maar haar bekijken en van alles vermoeden, dat kan wel.

Het figuurtje, dat tienduizenden jaren geleden door een artistiek bevlogen mens voorzien werd van vaardig geprononceerde borsten, billen en schaamstreek, past in de holte van een hand.

Dat is zeker.

Maar verder... Wat bracht ze teweeg? Was ze ergens goed voor?

Een archeoloog omschreef haar in het tijdschrift *Nature* als 'op de rand van pornografisch volgens eenentwintigste-eeuwse normen'. Wat die normen inhouden slaat de wetenschapper in dit wetenschappelijke tijdschrift over, die mogen we zelf invullen. Doen we: de afbeelding van een vrouw met grote borsten kan opwindend zijn, maar daarmee is ze nog lang niet pornografisch, daar is meer voor nodig. Zicht op van elkaar geweken schaamlippen, bijvoorbeeld.

Dit beeldje voorziet daar niet in.

Ze doet niets, ze is.

Ze wekt gevoelens op, en die gevoelens zijn menselijk. Dat betekent dat de kleine torso de banden aanhaalt tussen ons en onze verre voorouders. Wat zij, verscholen in de nerven van de tijd, voelden bij dit beeldje, voelen wij ook.

Veertigduizend jaar geleden. Duitsland had nog geen naam. Het was een wildernis. Dichte bossen. Moerassen. Ondoordringbaar struikgewas. Doornen. Wolven en andere snelle dieren met verscheurende kaken. Kou, regen. In een holte van een berg zit een vrouw. Ze beschut zich zo goed ze kan met dierenhuiden. Ze kreunt. Liever hield ze zich warm met een stel kinderen, zoals de andere vrouwen. Maar haar borsten zwollen niet op, haar buik bleef plat en kleintjes kwamen er nog steeds niet uit haar.

In haar hand houdt ze een wensdroom. Een vrouw zoals zij, maar dan met borsten waaraan je een jong hangt zodra het piept.

Ze kijkt naar een van haar zusters die haar jong te eten geeft met zo'n borst. Ze ziet het golvende vlees, de gespannen huid, de kleine zuigende mond. Ze merkt de afwezige blik op van de moeder, ze herkent genot.

Ze geniet van dat genot.

Ze betast het popje in haar hand. Zorgvuldig, met vingers als tongen. Dit beeldje beschikt over toverkracht; ze voelt het, hoog tussen haar benen. De godin raakt haar aan. Dat jong gaat er komen.

Wat ervoer die vrouw, met dat het beeldje van dierentand tussen haar vingertoppen? Vruchtbaarheid en erotiek liggen dicht naast elkaar.

'Ik ben toch hartstikke hetero,' zegt mijn vriendin Simone. Ze tuurt naar de roodharige serveerster die ons de cola bracht. 'Maar ik kijk vanzelf naar mooie vrouwen. Een mooie man zie ik zelden.'

Simone is de enige niet. Ik bekijk de videoclip van **Lady Gaga en Beyoncé** met de song 'Telephone'. En heel velen met mij.

Lady Gaga is dus al ruim vijftien miljoen keer naakt gezien. Nu ja, naakt – er zit tape over haar essentialia. Bovendien gaat haar blootje telkens zo snel voorbij dat ik vermoed dat de populariteit van de clip anders ligt.

Dit is iets wat vrouwen enig vinden. Uitzinnig schoeisel met plateauzolen, heftige make-up, ultravrouwelijke kostuums van **Victor & Rolf**, een vrouwengevangenis met lesbokitsch; een gifmoord op een machokwal in een lunchroom. En op de rest van de lunchroom, inclusief de buldog.

Mwah... voor mannen, hmmm... voor vrouwen. Mannen vinden dit clipje eng. Vrouwen vinden het geinig.

Ik geniet en bekijk het clipje nog maar eens. En nog eens.

Vrouwen zien graag borsten en billen, ik weet er alles van – ik kan nooit mijn ogen van een goed stel borsten af houden. Ik móét kijken. Ik weet dat het niet hoort, ik doe het tersluiks. Uit een ooghoek. En ik zie het anderen ook doen. Het is een vorm van gezelligheid, opwindend, zonder dat er iets moet. Het is lust, en het is nieuwsgierigheid: hoe heeft zij het? Het is een blik in de spiegel: zij is mooi en ik misschien ook, want wij zijn soortgenoten.

Vrouwen die naar vrouwen kijken zijn met miljoenen. Die kijkende vrouwen zijn de reden dat vrouwen zich mooi maken, veel meer dan de kijkende mannen. Die mannen willen ze wel verleiden, maar dat is in principe zo gepiept. Daar hebben ze dat zoveelste paar beeldige schoenen niet voor nodig, daarvoor is die ene strakke jurk voldoende.

Vrouwen vinden andere vrouwen mooi, ze vinden ze aantrekkelijk. Ook als ze op mannen vallen, dat heeft er niets mee te maken. Dat vrouwen graag naar vrouwen kijken is geen geheim, er wordt zelfs van uitgegaan. Vandaar die diepe decolletés in modebladen, die schouders, die benen.

Vandaar Barbie.

Een meisje met een gewone pop speelt moedertje. Een barbie-pop maakt iets anders wakker – noem het het besef van vrucht-baarheid en dus van erotiek. Geef een meisje een barbie en ze kleedt om te beginnen de pop uit, want ze wil de poppenborsten bekijken. (De barbiekont, kan ik als eerste generatie barbiebezitster getui-gen, stelt teleur.)

Dan kleedt ze de barbie aan, om te zien hoe die borsten in een jurk of blouse passen – ook heel spannend.

Barbie appelleert aan het typische vrouwenvoyeurisme, en toen Barbie in de jaren zestig voor het eerst werd geïmporteerd hadden de moeders dat haarfijn door. Ze kenden de neiging uit eigen erva-ring – en die voyeuristische belangstelling van hun dochters geneer-de hen extra omdat Barbie toen nog niet werd gekocht voor vijfjari-gen. Ze was bedoeld als speelgoed voor het opgroeiende meisje.

Bijna geslachtsrijp en dan dat gefoezel met een evident vrou-wenlichaam, dat maakte de moeders nerveus. Ze verboden de bar-biepop. Ze wezen in zedige praatjes op de kwalijke invloed van de barbies op het zelfbeeld van hun onschuldige meidjes. Terwijl het er eigenlijk op neerkwam dat ze hun bijna volwassen dochters niet wilden associëren met de evidente belangstelling voor vrouwen, die ze zelf maar al te goed kenden en die hun verre voormoeders ongetwijfeld ook kenden – zie de Venus van Hohle Fels, zie de Ve-nus van Willendorf, zie al die vruchtbaarheidsbeeldjes.

Moeders bedwingen hun argwaan als hun dochters posters van filmsterren boven hun bed hangen; soms van een man, veel vaker van vrouwen. Actrices in verleidelijke poses. Popzangeressen in kleren waar het een en ander aan zachts uit puilt.

De zonen van de moeders hangen ook posters van vrouwen op. Mogelijk dezelfde posters als hun zusjes. In een jongenskamer zijn het pin-ups. Vrouwen die je aankijken. Opbollende borsten, één heup omhoog. Halfopen mond.

Geil.

En in meisjeskamers? Zijn ze daar niet geil?

Wat dacht je er zelf van, mamma?

De kleine Hohle Felser Venus glanst. Ze is zo glad, ze zal vaak gestreeld zijn. Door vrouwenvingers, want ze was een vruchtbaarheidssymbool. Denken de archeologen.

Ik stel me mannenvingers voor. Ze beroeren haar voorzichtig, onhandig van verlangen.

Veertigduizend jaar geleden.

In een verlaten dierenhol schuilt een jager voor de nacht. Hij is alleen. Hij warmt zich bij het vuur dat hij zorgvuldig heeft gemaakt. Hij ving een dier, hij roosterde het, hij at het op, hij voelt zich behaaglijk. Onwillekeurig voelt hij aan het kleine beeldje aan een koord om zijn hals. Hij volgt haar lijnen met zijn wijsvinger. Hij heeft haar zelf gesneden, ze is een vrouw, ze is een godin.

Hij treedt met haar in contact, zij beheert zijn kracht. Hij ondergaat haar magie, zij bewerkt zijn lichaam.

Hij is niet moe meer, hij is sterk. Machtig.

Hij kijkt naar zijn onderlichaam en ziet het bewijs.

Was die Venus van toen wat de opblaasbare sekspop nu is?

... I blew up your body, but you blew my mind... zong **Bryan Ferry** met zijn grafstem in de Roxy Music-song 'In Every Dream Home a Heartache', en hij zag het goed. Genot bestaat uit overgave aan het onmogelijke. Bijvoorbeeld aan een pop die geen vrouw is, maar die de gedachte aan een vrouw tastbaar maakt.

Er bestaan vrouwenpoppen die zo levensecht zijn dat ze in de geest van hun eigenaars doorgaan voor een echte vrouw. Ik zag in een documentaire er mannen mee in de weer en vond het onaangenaam. Het waren maar poppen, maar het leek slavernij.

Het probleem voor de man is dat je voor je seksuele fantasieën de hele vrouw nodig hebt. Voor het verlangen naar mannen volstaat de pik. Eventueel met ballen erbij, maar meer is niet nodig. In Pompeï en op andere antieke vindplaatsen zijn de prachtigste stijve lullen teruggevonden, ongetwijfeld bedoeld voor hartstochtelijke inspiratie, geschikt voor zowel vrouwen als mannen.

Dat is nog altijd zo: winkels met seksartikelen hebben altijd etalages vol dildo's. Die zijn er voor praktisch gebruik, maar esthetisch gesproken is de pik een macht op zichzelf.

In de Tate Gallery in Londen werd ik diep getroffen, eh... enigszins opgewonden bij een groot beeld van de kunstenares **Louise Bourgeois**. Ze noemde hem *Sleep II*, deze enorme, zachte marmeren eikel (plus voorhuidrand). Ik stond naast hem en ik wilde hem aaien.

Een pik kan zonder man. Voor vrouwen is dat anders. Die tellen pas in hun geheel.

In een Gronings dorp moest ik grijnzen toen ik in een geparkeerde auto aan weerszijden van de versnellingspook een stel pluchen tieten in het oog kreeg. Zo los zijn dat maar vreemde dingen. Net als de vagina's die in seksshops verkocht worden. Kost 138,95 euro, ziet er levensecht uit, voelt net zo levensecht aan en kan alles wat een kut kan. Maar het oogt geamputeerd, – niet voor niets wordt ervoor geadverteerd met een foto die suggereert dat de vagina toch aan een vrouw vastzit.

En *La grande bouffe* dan? In die radicale film, over vier middelbare heren die zich opzettelijk dood-eten, krijgt een van hen een bord met twee wiebelende roze puddingen met chocolade punten geserveerd: een stel borsten dat hij op mag eten om er voor altijd in te blijven. Hij sterft in genot.

Die puddingborsten lijken op zichzelf te staan, maar dat is schijn. De vrouw naar wier borsten ze gemodelleerd werden, serveert ze uit: de actrice Andréa Ferréol, van wie we de originelen veelvuldig in de film hebben gezien. Roze, rond en zacht laat ze niemand vergeten dat het vorstelijke gelatinepuddingduo deel van haar fysiek is. De gelatinetieten verenigen moeder en minnares, erotiek en dood, maar zonder Andréa Ferréol erbij was ze dat nooit gelukt.

Waar de Venus van Hohle Fels voor staat kunnen we niet weten, daarvoor is ze van te lang geleden. Omdat ze een mens toont dat door een mens is gecreëerd, staat ze ons wel zo nabij dat we gevoelens uit haar dagen kunnen ervaren. De Venus is een tijdmachine. Ze schiet ons af, de geest van onze oerverwanten in.

Michelangelo schilderde in de Sixtijnse kapel wat de Venus voor ons doet: God en Adam steken hun wijsvinger uit en raken elkaar net niet. Wel bijna.

Huidcontact is onmogelijk. Maar de warmte van de ander is waarneembaar als je iemand zo dicht nadert. En andermans warmte voelen is ook contact.

De kleine torso doet ook zoiets. Ze laat zich aanraken. Zich laten kennen kan ze niet, maar ze brengt warmte in de holte van een hand.

3

Geef mij maar macht

Daarom is de dame een schooier

Vrouwen zijn niet goed in macht.

Hebben ze het, dan doen ze of ze zich ervoor generen. Ze wuiven het weg. Ze praten eroverheen. Ze laten zien dat ze heus niet hechten aan die macht, hoor, echt waar niet. Ze blinken uit in bescheidenheid.

Valse bescheidenheid. De Britse actrice **Maggie Smith** is gespecialiseerd in de bijbehorende filmrollen. Sleutelzin: 'It's only little me!' Jaja. Ik ben het maar. Maar ondertussen wel de dienst uitmaken.

Ook in de Harry Potterfilms speelt Maggie Smith haar favoriete rol, als professor Miranda Anderling. Oppermachtig is deze professor, als magistraal tovenares en als onderdirecteur van Zweinsteins Hogeschool voor Hekserij en Hocus-Pocus. Ze hecht aan haar status, ze is trots op haar positie. Maar ze gaat er, in alle bescheidenheid, niet van uit dat die macht wordt gerespecteerd. Schril zijn haar terechtwijzingen, en ze kijkt altijd achterdochtig. Aardig zijn doet ze alleen als ze er niet onderuit komt. En ook al is haar toverkracht aanzienlijk, professor Anderling kijkt bij elke overwinning of ze er zelf niet in gelooft.

De vrouw die de macht wél neemt voor wat hij is, maakt daar geen geheim van. Ze bestuurt, en als het even kan glorieert ze. Bezoekt ze een première of gala in een jurk met een diep decolleté, dan komt daar stront van. De borsten van een machtig mens vallen nu eenmaal extra op. Haar antwoord zal zijn: 'Bij een feestelijke avond hoort een feestelijke japon. Bovendien kan ik het hebben.'

Ik weet het: dat is lang niet altijd op te brengen. Maar ze zou het moeten zeggen, want de machtige vrouw verdedigt zich niet. Die maakt een grap en trekt verder, want ze heeft meer te doen.

Ofwel:

... She'd never bother, with people she'd hate
That's why the lady is a tramp...

Met deze song vatte **Frank Sinatra** haar samen. Inderdaad: de vrouw die goed omgaat met macht is een schooier. Non-conformisme is haar methode. Non-conformisme maakt indruk (zelfs op Frank Sinatra). En indruk maakt macht.

De vrouw met macht is zelfbewust en niet vies van een compromis. Maar ze heeft wel zo haar principes, stelt Sinatra vast:

Doesn't like dice games,
with sharpies and frauds...

Gokken met griezels, daar moet ze niks van hebben. En ze heeft andere dingen aan haar hoofd dan geroddel:

Won't dish the dirt,
with the rest of the girls,
That's why the lady is a tramp.

De machtige vrouw ontbreekt het nogal eens aan het noodzakelijke autoritaire gedrag. Dat doen mannen overtuigender, dus die moeite neemt ze niet. Maar opvallen als vrouw, dat kan ze, en het heeft hetzelfde effect.

Machtige vrouwen weten dat mooi-doen een lucratieve vervanger is van mooi-zijn: je hebt de aandacht en je dwingt af wat je wilt. Zelfverzekerde schoonheid strooit de tegenstrevers zand in de ogen. Helaas: aardig gevonden worden kun je vergeten.

Mooie vrouwen zijn altijd de boef, hun elegantie is hun brevet van onbetrouwbaarheid. Men heeft liever moederlijkheid, dat siert.

Ik vind dat stom. Niks ten nadele van die moederlijkheid, maar vrouwen zijn goed in charmeren. Waarom zou een vrouw met macht alleen serieus genomen kunnen worden als ze die macht greep óndanks de edele behaagkunst?

Macht houdt meer in dan aan het hoofd staan of leiding geven of de baas zijn. Macht is de wereld laten draaien op jouw voorwaarden.

Sophia Loren speelt in veel van haar films een vrouw die mach- ★ teloos staat. Omdat ze arm is, of ongeletterd. Of weerloos, of een vrouw. Of dat allemaal tegelijk. En ze overwint niet altijd, ze betaalt soms een hoge prijs. De Loren-vrouwen zijn schrander en snel. Ze grijpen de macht door met hun schoonheid te intimideren. En met hun humor, die maakt hun *bellezza* nog indrukwekkender.

Maar een geslaagd uiterlijk is geen voorwaarde, een vrouw kan haar macht ook anders grijpen.

Een roman kan zonder probleem honderd pagina's lang boeien met een vrouw wier uiterlijk niet veel zaaks is. Een goed schilderij houdt zich zelden bezig met de kwaliteit van het uiterlijk van het model; het volgt de gedachten van de schilder. Ook een toneelstuk bekreunt zich niet om uiterlijk schoon. Is iemand plaatjes-mooi, dan is dat mooi meegenomen, maar die iemand wordt zo nodig omgeschminkt tot trol. Bij film is dat anders. Film wekt de suggestie dat je de personages tot in hun poriën volgt, en dan heb je liever schoonheid. Daarom zijn filmpersonages mooi, ook als ze lelijk zijn.

Dat dat helemaal niet hoeft bewees de film ***Passione d'amore*** ★ (helaas door bijna iedereen vergeten, dat is zo zonde). In die film wordt een aantrekkelijke versierder gek van verlangen naar een intens lelijke vrouw. Een soort vleermuis. Ze heeft hem in haar macht door iets te doen wat hij zelden meemaakt: ze wijst hem af. Dan haalt ze hem aan. Dan moet ze hem weer niet. Dan toch wel. En weer niet. Hij lijdt; hij moet en zal haar hebben, ja, juist haar. En geloof het of niet: daar ga je als kijker in mee.

In de films met Sophia Loren ligt dat heel anders, het nadrukkelijkst in het drieluik *Ieri, oggi, domani* ('Gisteren, vandaag, morgen').

In het derde verhaal is ze een maintenee, dat wil zeggen een parttime prostituee, en overgeleverd aan de luimen van haar vaste klant. De film is grappig en luchtig. Gum je even alle gebbetjes weg, dan houd je een vrouw over wier lot in de handen ligt van een verwende jongeman (Marcello Mastroianni). Vastigheid hoeft ze van hem niet te verwachten. Ze moet hem in haar macht zien te houden, anders gaat ze ten onder. Ze oefent de enige macht uit die ze tot haar beschikking heeft. Ze pakt hem aan, en in, door hem níét in haar bed toe te laten.

De film is gedateerd. Het is mallotigheid van de onschuldige jaren zestig. In het licht van de ellende van de hedendaagse seksindustrie slaat hij nergens op. Maar als machtsspel is hij onovertroffen. Hij draait uit op de slaapkamerstriptease van Sophia. Marcello jankt als een jonge hond, zo opgewonden is hij. En nóg is ze hem de baas. De striptease houdt hem op afstand, en onder de duim. De seks blijft virtueel.

Dertig jaar later werd die striptease herhaald in *Prêt-a-porter*, een Amerikaans-Franse satire op de modewereld.

'Weet je het niet meer?' koert Sophia als ze in de slaapkamer zijn. Ja, Marcello weet het nog, en hij hongert opnieuw. Zou hij dit keer wel...?

Hij wil haar bespringen, maar Sophia, een rijpe blom nu, zet het bekende muziekje op en begint haar striptease. Ze deint op de muziek. Ze zet een gestrekte voet op de rand van het bed en rolt een zwarte nylon af. Prachtig is ze.

Machtig.

Marcello jankt als vanouds en zakt genietend in de kussens.

Als ze haar tweede kous de kamer in heeft geslingerd, zakken zijn oude ogen toe. Zij haakt haar jarretelles los, haar decolleté bolt adembenemend.

Hij ligt te snurken.

Zij stopt.

Ze vist haar kousen op en verdwijnt.

Met behoud van de macht.

Macht veroveren is risico nemen. Vrouwen die hun macht ver-
pakken in goedmoedigheid kunnen een ander schade toebrengen
met hun goede bedoelingen, juist omdat ze zich geen rekenschap
geven van hun overwicht.

Wie heerst, moet willen heersen.

Precies dat heeft **Leonardo da Vinci** geschilderd met het pa-
neel *De dame met de hermelijn*. Het is een portret van Cecilia Gallerani, een vijftiende-eeuwse vrouw met een hermelijn op haar
arm. Ik kende haar van reproducties en ging haar bezoeken in haar
museum in Krakau, omdat ik haar wilde zien zoals ze is, van verf
en bloed.

Ze bleek te hangen in een soort boudoir, intiem en klein. We zijn
hier samen, het is of niemand weet dat ze hier hof houdt.

Ze is weergaloos. Anders dan de lieve Mona Lisa, die andere
befaamde Da Vinci-vrouw, glimlacht ze me niet toe. Ze negeert de
toeschouwer, ze mijdt zijn blik, ze staart langszij.

Da Vinci beeldde Cecilia Gallerani af als een schoonheid, maar
niet als een aanbiddelijk popje. Stoer schilderde hij haar, met zelf-
bewuste kop en schouders. Haar smalle gesloten lippen en gebie-
dende ogen compenseren de lieftalligheid van de mollige hals en de
gave blozende wangen.

You don't own me
I'm not just one of your many toys.

Dusty Springfield zou het eeuwen later zingen, maar hier resone-
ren die woorden vast.

Cecilia is niet van iemand; ze is haar eigen baas, als we Da Vinci
moeten geloven.

En toch was Cecilia Gallerani de minnares van hertog Ludovico
Sforza, vorst van Milaan en omstreken. Min of meer zijn eigendom

dus. Maar zo machteloos zijn minnaressen niet. Spelen ze het schrander, dan zijn ze heerseres en meesteres, over die man en over zijn huwelijk.

Een driehoeksverhouding is geen strijdperk maar een schaakbord. Er wordt strategisch geopereerd. Een minnares wil niet verliezen. Wat niet per se hetzelfde is als die man voor zichzelf willen hebben.

De minnares is de verboden vrucht. En dat wil ze blijven. Zij bindt zich niet aan de man, juist niet. Haar vrijheid is de angel in hun verbond. Zij is zo weg, en dat weet hij.

Dat alles vereist serieus hoog spel. Een minnares is iemand die wil blijven heersen. Zij denkt na, trekt conclusies en wint.

Zij geeft zich niet bloot. Zij ontwijkt alle blikken, ze kijkt weg – zoals Cecilia Gallerani op Da Vinci's portret.

Een herinnering.

Zon. Vroeg uur. Paradijsgevoel.

Eens had ik het geluk dat mijn veldweg werd gekruist door een hermelijn. Het witte roofdiertje spurtte voor me uit over de steenslag. Het bewoog met sprongetjes. Zijn lijf leek een golfje, niet iets dat je op schoot neemt, of zelfs maar vast kunt pakken.

Cecilia Gallerani lukt het, dankzij Leonardo's penselen.

In een embleem van haar Hertog stond een hermelijn; het diertje op haar schoot verwijst naar hun verhouding. Maar ook zonder dat embleem zou dit schilderij daarnaar verwijzen, naar hun verhouding.

Cecilia streelt de hermelijn met vingers die Leonardo een fractie te groot heeft afgebeeld en net iets extra in het licht zette. Daardoor maakte hij niet haar gezicht tot onderwerp van dit portret, maar haar rechterhand. Die hand bedwingt de hals van het roofdier met de dure vacht. De hermelijn legt een klauwtje op haar pols. Met zijn andere klauw lijkt hij Cecilia terug te aaien. Ontsnappen wil hij niet, hij rust braaf in haar arm. Zij is niet zijn bezit, hij is haar troeteldier. Omdat zij het wil. Zolang zij het wil.

... that's why the lady is a tramp.

4

Bloot

onthult meer
dan een vrouwen-
lichaam

Ik zag de monumentaal verweerde Tommy Lee Jones een topless-
bar bezoeken, in de film *In the Valley of Ela*. Hij bestelt zijn bier
bij een barjuffrouw met kleine zachte borsten. Hij kijkt ernaar.

Ze draait zich naar de tap; nu kijkt Tommy Lee Jones haar op
haar rug.

Het is een welgevormde rug, maar niet de rug van een meisje.
Haar middel en heupen zijn iets zwaarder. Haar huid is iets slap-
per. Er zijn vouwen – niet diep, wel aan beide zijden. Ondanks het
gedempte licht vertelt die rug wat haar borsten voor zich hielden:
dat ze een eind in de veertig is, misschien begin vijftig.

Ze zet zijn glas voor hem neer.

'Dank u, mevrouw,' zegt Tommy Lee Jones werktuigelijk, vanwege die rug.

Zij schrikt, hij ook.

'"Mevrouw" is hier een belediging,' fluistert ze, en ze wisselen
een blik van verstandhouding. Het is een lief moment, in een snoei-
harde film.

Bloot is iets vreemds. Er zijn er minstens twee voor nodig. Eenzaam bloot doet net zomin ter zake als eenzaam in een jurk, of in
een mantelpak of in een tuinbroek.

Het bloot van een vrouw bestaat zodra het iets bij een ander te-
weegbrengt, variërend van een oordeel tot een verlangen. De reactie van die ander ketst, fel als een flipperbal, terug naar de vrouw
die het bloot laat zien. Ze geneert zich. Of ze is trots. Of ze spint van
welbehagen, dat kan ook.

Wordt 'bloot' bekeken, dan verandert het, en dan heet het meestal 'naakt'.

Bloot, dat doet een vrouw zelf. Naakt, dat doet een ander voor haar.

Vandaar dat de vrouw die zich uitkleedt en zichzelf in de spiegel bekijkt zich verdrievoudigt.

Ze is de vrouw die iets laat zien.

En ze is de vrouw die daarnaar kijkt.

En ze is ook de vrouw die naakt is.

Vrouwelijk bloot is machtiger dan mannelijk bloot. Het is er, ook als het er niet is. **Rudy Kousbroek**, filosoof van de alledaagse praktijk, schreef eens dat hij zich voortdurend realiseerde dat meisjes bloot zijn onder hun kleren. Met dat inzicht verwees hij naar de mystiek van het vrouwelijk bloot. Anders dan je zou denken bestaat het met kleren eroverheen tóch. En dat betekent dat het er tegelijk is en niet is, net als **Schrödingers kat**, het troeteldier van de quantummechanica.

Op 27 november 1962 betrad de zangeres **Ria Kuyken** de piste van Circus Toni Boltini. Om te zingen – welk liedje, dat doet er allang niet meer toe. Waar het om gaat is dat ze werd aangevallen door een bruine circusbeer. En die beer valt weer in het niet bij de foto die ervan werd gemaakt. De foto van persbureau C. de Boer.

Ik was bijna zeven toen die foto in de krant stond. Dat is jong, en toch herinner ik me dat ik hem zag, voor op de krant, die *Het Parool* geweest moet zijn – mijn ouders lazen *Het Parool*. Ik herinner me vooral dat ik naar die foto keek, dat ik er steeds weer naar móést kijken.

Niet omdat ik weer die vrouw wilde zien, half onder die beer. Haar vertrokken gezicht, haar inspanning om zich onder het bruine pelslijf uit te wurmen, de beet van de beer in haar schouder – het was griezelig, maar het ging om iets anders.

De foto toonde het ergste wat een meisje kon gebeuren: je zag haar onderbroek.

Het intieme woord 'onderbroek' bezigden wij trouwens niet; wij zeiden 'broekje', en ook dat vermeden we uit te spreken want het verwees naar het lichaamsdeel dat nóóit iemand mocht zien, waar nooit iemand het over kon hebben. Je mocht er niet eens aan denken, laat staan dat vreemden dat kledingstukje onder ogen mochten krijgen. Laat staan dat het voor op de krant moest.

Ik zag de foto terug. Ook nu nog was ik eventjes meer geschokt door de blik op Kuykens ondergoed dan door haar benarde toestand. En dat komt niet door mij, dat doet die foto. De sluiter heeft geklikt op het moment dat de beer zijn tanden zette in de schouder van de zangeres. Maar zijn snuit valt bijna weg, de zweep (is dat een zweep?) zit ervoor en de lichtval werkt niet mee. Afgezien daarvan lijkt het of de aandacht van de fotograaf niet uitgaat naar de angst in het gezicht van de vrouw of naar haar wanhopige wég willen. Het centrum van deze foto ligt onder de opgeschorte jurk van een vrouw. De focus ligt op haar onderbroek. Dat was de echte ramp.

Ria Kuyken was niet ongekleed. Maar voor mij was ze wel naakt. Haar foto verbeeldt de schaamte die in de jaren zestig voor alle meisjes nog volop van kracht was.

Het naakt van een vrouw onthult niet alleen haar lichaam, het verraadt ook wie naar haar kijkt.

Kneedde de beeldhouwer **Jan Wolkers** het beeld van een vrouw, dan bezong zijn sculptuur zijn enthousiasme voor het vrouwenlichaam. Beschrijft Wolkers de schrijver het, dan is het of hij zijn woorden laat sturen door zijn beeldhouwende handen, terwijl hij zijn pik voelt zwellen. Lees hoe de 'ik' uit *Turks Fruit* kijkt naar zijn pas verworven Olga:

Hoe haar borsten niet wegzakten als te zachte puddingen maar stevig rechtop bleven staan met de tepels naar het plafond. En die tepels dat waren niet van die bruine knikkers [...], maar dat waren echt de roze uiteinden van die magnifiek gewelfde voorgevels. [...] En haar huid was zo blank tussen al die bruine vlekjes dat het was of ze zich met karnemelkzeep waste...

De schilderijen van **Peter Paul Rubens** zijn ook bewonderend, maar minder grijpgraag. Ze leidden tot een soortnaam: 'de rubens-vrouw', dat is een vrouw met smakelijke zware vormen. In zijn schilderijen laat Rubens zich kennen als een knuffelige liefhebber van vrouwen op hun vrouwelijkst. Hij zoekt al schilderend de warmte van een lijf. Hij ruikt de ronde vormen en duwt zijn wijs-vinger in de bijbehorende diepe plooien. Hij kickt op heupen, kor-relig van het onderhuidse vet, op een buik die een buik op rolletjes is; op een gewelfde rug die in evenwicht is met de zware billen er-onder. Althans, zo lijkt het als je die levende lijven op zijn doeken beziet.

Lekker.

Het mooiste naakt, het naakt dat me raakt door zijn tederheid, tref ik aan bij **Rembrandt van Rijn**. Voor mij is hij niet de man van *De Nachtwacht*, maar de beschouwer van het gulle naakt van Da-naë. Van het wegduikende naakt van de kuise Suzanna (*Suzanna en de ouderlingen*). Van het vanzelfsprekende naakt van *Bathseba na het bad.*

Rembrandt schildert het naakt bedachtzaam. Aandachtig tas-tend, of zijn handen beven en zijn adem stokt door een brok in zijn keel. Altijd, ook als het naakt zich voordoet omdat een badende vrouw haar hemd ophoudt, verbeeldt hij zijn eigen ontroering.

Rembrandt schildert zijn naakten met tranen in zijn ogen.

Zijn tranen worden die van mij.

5

Wijvenstreken

Te lekker om te laten

De danser en de danseres staan naast elkaar.

Haar zien we op haar rug. Zwart pakje, witte kousenbenen. Fragiel. Hem zien we frontaal. Zijn gespierde bovenlijf is naakt. Sterk.

Ze pakt hem bij zijn kruis. Hij deinst terug.

Mooi moment. Excellente wijvenstreek.

Klassiek ballet ziet er elegant uit. Schoonheid is de norm, met de mannen als krachtpatsende prinsen en de vrouwen als ijle elfjes, wezentjes zonder gewicht.

Maar zeg nou niet dat er op spitzen niks wordt uitgevochten. Wie denkt dat ballet braaf is, of ouderwets of zelfs stoffig, weet er niks van. Ballet zit vol met wijvenstreken. Ja, ook **Het Zwanen-meer**, waarin de prins, stom! stom!, een akte lang niet in de gaten heeft dat de verkeerde zwanenprinses met hem aan de haal gaat. ★

Of **Giselle**. Daarin sterft een door een man misleid meisje aan een gebroken hart. Na de pauze zien we haar terug: ze heeft zich bij een gezelschap van spokende lotgenotes gevoegd. De jongens, of liever de flierefluiters, die in hun nevelige handen vallen, gaan eraan. Geen genade. Dat is pas een streek. ★

Ballet wordt bijna altijd gemaakt door mannen, maar al in de tijd van de grote sprookjesballetten was het een vrouwenzaak. Een man is een prins, een vrouw is de rest. Die wordt uiteindelijk wel een prinses, maar dat is pas uiteindelijk. Is ze een klassieke ballerina, dan krijgt ze allerlei mogelijkheden die haar collega's in de andere dansgenres wel kunnen schudden.

De tophat-and-tails-danser **Fred Astaire** is altijd het middel- ★

punt, hoe goed zijn partner **Ginger Rogers** ook danst (en oggot, wat danste die vrouw prachtig). In de films van **Gene Kelly** heb je het zo ongeveer niet in de gaten als er eens een vrouw in zijn buurt danst. Gene Kelly steelt de show, daar zijn zijn nummers op gebouwd.

Nee, dan **Rudolf Noerejev**. Hij was een ster, hij kon dansen als een god, het publiek kwam voor hem, alleen voor hem. Maar zelfs hij, met zijn talent, moest onder het juk door van het mannelijk vertoon: springen, tillen, snelheid maken. De klassieke balletten willen hun dansers laten bewijzen dat ze een kerel zijn. Verder niks, o ja, ze horen schoonheden te zijn. *Tais-toi et sois beau*. Dat beperkt hun dramatische mogelijkheden. De hoofdrollen zijn voor de ballerina's.

Hans van Manen, choreograaf en een soort van genie, doet daar niet aan mee. In zijn balletten zijn mannen en vrouwen even belangrijk. Dat neemt niet weg dat hij inzet op de kracht van vrouwen. Hij bewondert hun arglist, hij haakt in op hun onverschrokkenheid.

Bijvoorbeeld in *Sarcasmen*, zijn ballet met die greep in dat kruis. Op buitelende pianomuziek slaat een man aan het imponeren. Hij doet zijn best om de stokstijf staande ballerina weg te blazen. Hij gaat een gevecht aan, hij duwt en manipuleert haar. Het ballet valt stil. Het duo staat naast elkaar. En dan gebeurt het.

Zij laat haar hand zakken en vouwt haar vingers langs zijn ballen, het mannelijkste dat hij bij zich heeft.

Het stelt eigenlijk weinig voor. Ze knijpt niet eens. Ze pakt zijn zaakje, dan laat ze los. Maar de man heeft er niet van terug.

Zo wint een vrouw: met een greep naar waar ze zwakte herkent.

Hans van Manen reduceerde die tactiek tot die ene beweging. Mannen, beduidt hij, zijn bezig met '*was will das Weib*'. Vrouwen bekommeren zich helemaal niet om '*was will der Mann*'. Die bedenken: *was will ich*, en hoe krijg ik die man zover dat hij doet wat ik zeg.

Het antwoord is: door een streek te leveren. Dan zit je altijd goed. Of je drijft je zin door. Of niet, maar dan heb je hem te pakken genomen. Toch leuk.

Mannen zijn niet gek, die hebben dat door. Ze verzetten zich met list en overmachtsvertoon. Ze negeren, ze weigeren dienst, ze beuken desnoods.

Het helpt niet.

Vrouwen en mannen leveren evenveel streken, maar vrouwen zijn er beter in. Mannen verharden, besmeuren, pesten, zetten valstrikken, smeden complotten – het zijn net vrouwen. Maar mannen willen hun handen vrij hebben voor nieuwe kansen. Ze maken zich wel kwaad, maar ze maken zich tegelijk mentaal los. Vrouwen houden vast. Aan een vrouwenstreek ontsnap je niet. Die bestendigt de onderlinge band, ook al zie je elkaar nooit meer terug.

Een goede vrouwenstreek gebeurt niet zomaar, het is een reactie: jij deed mij iets aan, en nu flik ik jou een streek. Een wijvenstreek.

De betere wijvenstreek is voor eeuwig. De herinnering strekt zich uit tot op het sterfbed – want, en dat is het geheim, is hij goed dan is zo'n streek, behalve een beuk in iemands ego, een bewijs van liefde.

Denk aan Rita Hayworth in de film *Gilda.* Haar minnaar wil van haar af. Ze sputtert tegen. Hij bijt haar toe dat ze geen idee heeft hoe hij haar haat. '*I hate you!*' roept hij weer.

Ze loopt naar hem toe. Leunt langzaam voorover. Legt haar arm in zijn nek. Ademt zwaar.

Ze spint in zijn oor: '*I hate you too, Johnny.*'

Zo.

Johnny zal Gilda nooit meer uit zijn hoofd kunnen zetten.

Wie zijn schuld is dat? Gilda zingt het antwoord, in een van de meest sensuele zwarte japonnen die er ooit ontworpen zijn:

Put the blame on Mame, boys
Put the blame on Mame...

Ze zingt het niet schuldbewust, ze zingt het uitdagend: Geef het meisje de schuld maar.

Een greep in een kruis komt zelden letterlijk voor. (Gelukkig maar.) Meestal is die greep overdrachtelijk: een welgemikte verbale aanslag is voldoende.

Een streek is niet altijd wraakzuchtig. Soms is hij voor de kick (en daarna zien we wel weer verder).

De allereerste vrouwenstreek was er zo een. Hij staat beschreven in het boek Genesis. Eva weigerde af te zien van de appelboom der kennis. Dat valt keurig feministisch uit te leggen: Eva dorstte naar kennis en liet zich door God niet weerhouden. Maar dat ze Adam een streek leverde lijkt een even reële verklaring. Ze deed precies wat ze het meeste niet mocht van hem. Daar liet ze het niet bij. Ze at niet alleen, ze liet Adam mee-eten, en daar ging het om. Spannend: even die brave knakker uitlokken.

Eva ging te ver, de consequenties waren niet te overzien. Maar liever zo dan saai. En Adam koos voor haar, niet voor die God van hem, en dat was winst.

Wat Eva flikte was iets van magnifieke proporties. De meeste vrouwenstreken zijn streekjes voor het eigen amusement. Niet eens met de bedoeling om iemand af te maken, hooguit om hem zijn plaats te wijzen. Zo deed Ninotchka het bijvoorbeeld.

Greta Garbo speelt in **Ninotchka** (1939) een Russische official in Parijs. Ze zet alle zeilen bij in deze vreemde omgeving, waar iedereen zich zo anders gedraagt dan thuis in Moskou. Zit ze in een restaurant te eten, dan dringt zich een man van een ander tafeltje aan haar op. Hij schuift zijn stoel bij, gaat niet weg, integendeel. Hij neemt de vrijheid haar te onderhouden over haar ernst. '*I beg you... smile,*' zalft hij, en hij put zich uit in moralistische praatjes over '*a laugh from the heart*' die zo belangrijk is.

Ze moet niks van hem hebben. Hij dondert niet op. Nou begint hij ook nog moppen te tappen. Dat ze daar niks aan vindt, interesseert hem niet. Hij vertelt er meer, de ene nog flauwer dan de andere, hij gaat maar door.

Geërgerd door zijn gebrek aan succes bij deze vrouw wipt hij op zijn stoel.

Krak!

Hij zakt erdoor.

En nu barst Ninotchka uit in een grandioze slappe lach. En dat is een geweldige streek. Toen hij het wilde, lachte ze niet. Nu hij door zijn stoel is gezakt, schatert ze, niet met hem, nee, óm hem. En daarbij mag niet vergeten worden hoe extra grappig het is dat ze hem zijn *plaats* wijst door hem uit te lachen omdat hij van *zijn stoel* rolt.

Na te zijn bekomen van de klap buldert de lastige man trouwens mee. En dus weten Ninotchka en wij dat hij goed volk is. Want zo herken je de goede mannen: ze kunnen een grapje hebben.

En dan is er de vrouw die duidelijkheid wil. Het gaat niet om winnen of verliezen. Het gaat om haar leven – vol teleurstelling, en nu is het genoeg. Het moet uit zijn. Tijd voor een daverende streek.

Ze begint met een sprong in het duister, ze broedt niet op een masterplan.

Ze doet de openingszet.

De werkelijkheid komt met een krankzinnige tegenzet.

Nu is het zaak die wending te benutten voor een volgende streek, *à l'improviste*.

Het is de hogeschoolversie van de wijvenstreek.

Cleopatra was er goed in, lees **Shakespeares** *Antony and Cleopatra* erop na. Of zie het gebeuren in de verfilming met Elizabeth Taylor: Cleopatra rolt zich in een tapijt en laat zich aanbieden aan, en uitpakken door, de Romeinse bezetter van haar Egypte.

Het is een kamikaze-actie van jewelste, het had heel erg fout af kunnen lopen. Maar hij bezorgt haar een overwinning. In de strijd – ze blijft heerseres van haar volk. En in de liefde – dankzij een gril van de werkelijkheid. Want Marcus Antonius valt als een blok voor haar. Ze weekt hem los, van Rome, van zijn familie, van zijn politieke vrienden, van zijn veilige haven. En hij neukt ook nog uitstekend, is mijn indruk. Een voorbeeldige streek, dus.

De volmaakte supervrouwenstreek beschreef **Joseph Conrad**

in zijn novelle *The Return*, en dat kleine boek werd explosief verfilmd als *Gabrielle*.

Denk aan Isabelle Huppert. De actrice met het rossige kapsel, de bleke huid, de zachte sproeten. Kwetsbaar, als ze die mond niet zou hebben. Naïef, maar ze heeft die onderzoekende oogopslag. Haar ruisende rokken en beheerste gebaren zijn van rond 1900.

En vergeet haar weer een beetje, want ze treedt pas na dertien minuten film op. Na twintig pagina's in het boek.

We marcheren eerst met haar echtgenoot door de stad en we horen hem zichzelf feliciteren. Hij overdenkt hoe geslaagd zijn leven is: geen ups, geen downs, geen verrassingen. Hij is rijk, hij is gerespecteerd. De juiste connecties. En hij heeft een beste vrouw getrouwd. Mooi. Perfecte gastvrouw. Hem toegewijd. Intimiteit? 'Hoeven we niet.'

Bij ons rinkelt nu een alarmbelletje. Intimiteit hoeven we niet?

Voor we verder kunnen piekeren lezen we / horen we:

'*... but he never for a moment thought of her simply as a woman...*' Nooit dacht hij simpelweg aan haar als vrouw. Hij is trots op haar, o ja. Maar zoals 'een collectioneur houdt van het kostbaarste item in zijn verzameling'.

De man loopt door, hij is zich van geen gevaar bewust.

Maar wij zijn op onze hoede. Welke vrouw wil er nou kostbaar bezit zijn?

Hij betreedt zijn voorname huis. Witgeschort huispersoneel fladdert om hem heen. '*He said: "No; no tea," and went upstairs.*'

Hij gaat 'naar de kleedkamer', lezen we.

In de film zien we wat dat inhoudt: een pronkkamer. Draperieen. Een luie stoel. Solide toilettafels voor beide echtelieden. Spiegels.

Daar, leunend tegen zo'n spiegel, wacht de brief op hem.

Dat hij in die spiegel kijkt terwijl hij de brief pakt, is niet toevallig (in goede films bestaat het toeval niet). Hij ziet zichzelf, maar hij heeft geen idee van zichzelf.

Hij leest de brief.

Het cognacglas in zijn hand valt aan scherven.

Zijn volmaakte echtgenote schrijft dat ze hem heeft verlaten, voor een ander.

Hij wankelt. Zijn wereld wankelt, en neemt kleur aan – tot dan toe was de film in grijs-wit.

Hij komt bij zijn positieven. Zoekt steun bij kalmerende afzeiken- en wraakgedachten. '*Damn the woman.*'

Daar gaat de bel.

Wie zou dat zijn?

Zijn vrouw.

Gabrielle.

Ze heeft zich bedacht. Ze komt terug.

De man was al diep vernederd door haar ontrouw en nu zet ze hem ook nog eens klem.

De novelle *The Return* vertelt zijn verhaal, maar de film gaat over haar.

Gabrielle draait om een vrouw die heeft ingezien dat haar man haar heeft gereduceerd tot een huisdiertje. Ze bestaat als zijn ide-aalbeeld van haar soort. Wat ze verder te bieden heeft, is zonder betekenis voor hem. Dat neemt ze niet langer. Ze besluit om kleur te schoppen in zijn geordende grijze bestaan.

Ze is om te beginnen een relatie aangegaan met een zwetende intellectueel – een belediging voor haar echtgenoot: zijn rivaal kan niet in zijn schaduw staan.

Dieses war der erste Streich, doch der zweite folgt sogleich.

Gabrielle liep van haar echtgenoot weg, maar ze staat dezelfde dag weer voor zijn neus. Waarom? Ging het toch mis met die min-naar? Bracht ze het niet op? Ze mompelt er iets onbegrijpelijks over, de werkelijke reden blijft in het midden. Het gaat erom dat ze is te-ruggekeerd – haar tweede streek.

Haar derde streek is dat ze breekt met de dagelijkse hypocrisie.

Ze is betraand, berustend, kleintjes. Haar man bedreigt haar. Zij siddert. Hij rekent op haar discretie. 'Niemand mag iets vermoe-den,' zegt hij. Had hij niet moeten doen. Dat is precies de opmaat voor Gabrielles vierde streek.

De doodsstreek.

Haar man wil de schijn ophouden en dus kan hij geen kant op. En zij speelt daarop in.

Intussen denkt hij dat hij haar per definitie zal overwinnen. Hij is immers een man. Hij is superieur en hij is de baas.

Zij wéét dat hij dat denkt, en daarom zal hij verliezen. Ze neemt hem te grazen, ze kent zijn zwakke plek: gevoel. Daar moet hij niks van hebben, dat vindt hij 'weerzinwekkend'.

Gabrielle confronteert haar man met haar gevoelens. In de film doet ze daar een schepje bovenop: ze biedt hem haar lichaam aan. Het ideale roomwitte lichaam dat hij versmaadde en dat haar minnaar heeft bestegen.

Hij vlucht zoals je vlucht uit een boze droom, met zijn armen afwerend in de lucht.

De man slaat de voordeur achter zich dicht.

Gabrielle kwam terug, hij loopt weg.

'*He never returned.*'

Nee, hij komt nooit meer terug. De herinnering aan de vrouw die zijn echtgenote was zal vervagen. Maar de vrouw die hem die streek leverde, de vrouw die hem uit zijn eigen huis verdreef, zal hem altijd bijblijven, als een furie op zijn borst.

Heroïsch hoor, al die wijvenstreken. Maar nu moet ik de pret drukken, met het ergste korte verhaal dat ik ken: 'The Lottery' van **Shirley Jackson**. Een pets in je gezicht, het onthult iets waar je niets van wilt weten. Niet iets van ver weg, maar naast je deur. Misschien zelfs binnen je eigen muren en als je pech hebt in jezelf.

Ik had nog nooit van dat legendarische verhaal gehoord dat toen het uitkwam voor zo veel tumult zorgde, tot ik het voorgelezen kreeg, in een podcast van *The New Yorker*. Het was inmiddels ruim zestig jaar oud. Elf paginaatjes klein, het was zo klaar.

Ik luisterde en ik voelde me gekeeld.

Het verhaal begint zo aardig, op een zomers dorpsplein in kleinsteeds Amerika. Genoeglijk gekeuvel van mensen die Overdyke en Delacroix heten ('de dorpelingen spraken het uit als 'Dellacroy''), en ook gewoon Summers of Dunbar. De kinderen lopen al op het pleintje te spelen, de mannen en de vrouwen stromen toe. Geklets over het huishouden en over mekaar. Heel gewoon. Vervaarlijk gewoon.

Shirley Jackson beschrijft de aanloop naar een jaarlijks terugkerend evenement. Je denkt aan een potje ringsteken of iets met samenzang, of een ander folkloristisch ritueel waar gesloten gemeenschappen warm voor lopen.

En net als je in je gezapigheid achterover leunt, is er sprake van een loterij. Het lot valt op een vrouw.

De pineut heet Tessie Hutchinson. Zij wordt niet, zoals de bok in de Bijbel, beladen met alle zonden de woestijn in gejaagd. Tessie Hutchinson wordt door haar dorpsgenoten gestenigd. Iedereen doet mee.

'De kinderen hadden stenen klaar en iemand gaf kleine Davy Hutchinson wat kiezels.'

Davy is Tessies jongste zoontje.

Hoe akelig ook, dit verhaal is een kei (sorry!) van een verhaal. Dus bestelde ik de bundel *The Lottery* van Shirley Jackson, om het zelf te lezen.

Dat deed ik.

Het verhaal bleef even geweldig. En het was nog gruwelijker dan ik dacht. Want nu ontdekte ik dat het drijft op een wijvenstreek van het zwartste soort.

Dat Tessie Hutchinson nog gauw even de afwas doet, zich naar man en kinderen haast om op tijd voor de loterij te zijn, blijkbaar in de verwachting dat ze stenen naar een ander zal gooien, is al rampzalig. Dat ze, eenmaal zelf tot mikpunt verkozen, roept dat dat 'niet eerlijk' is – is nog verschrikkelijker. Ja, zo gaat dat, denk ik onwillekeurig, en ik haat mezelf.

Maar bij alle misère lees ik ook dat een van de vrouwen, Mrs Delacroix om precies te zijn, erop gebrand is om zo snel ze kan een heel grote steen te gooien. Ze spoort ook een weifelende vriendin aan: '*"Come on," she said. "Hurry up."*'

Ik voel me misselijk.

Ik realiseer me dat ik had verwacht dat een man zoiets zou doen. Maar nee, de agressieveling is een vrouw, en ik vrees dat ik haar herken: de vrouw die heeft geleerd om altijd goed haar best te doen en dat ook doet, en iedereen zal het weten. Zij is de vrouw die een ander, een weerloos slachtoffer, een streek levert. Met geen andere reden dan dat ze dat kan. Zij is de vrouw die zich in fatsoen verschuilt omdat ze stervensbang is.

Teruglezend ontdek ik dat Mrs Delacroix de moeder is van een van de drie jongens die netjes de grootste berg stenen hebben opgestapeld. Mrs Delacroix is de laatste die contact heeft met Tessie, in een glimlachend onderonsje, afgesloten met een vriendschappelijk klopje op een onderarm. Mrs Delacroix houdt haar adem in als haar echtgenoot hun loten trekt. Mrs Delacroix roept de radeloze Tessie toe: 'Wel sportief blijven, Tessie.'

Mrs Delacroix zit er niet mee dat Tessie Hutchinson met haar laatste blikken zal zien dat ze door haar wordt verraden. Dat is zelfs de bedoeling. Ze wil dat haar dorpsgenoten zien hoe Tessie kijkt naar haar, met haar zware kei, en hoe ze hem vervolgens naar de kop van een vriendin smijt.

Dit is een waarlijk perverse wijvenstreek. Smerig, en met schone nageltjes.

6

Aaibaar met tranen

Over onversaagde zelfvernedering

I'm gonna bruise my knees
and pull my stockings down
And all that jazz...
(vrij naar **Chicago**)

★

★

Nine heette de musical en hij was gebaseerd op mijn lievelings-Fellinifilm *8½* (Otto e mezzo). *8½* is een film uit wanhoop – Federico Fellini maakte hem toen hij bang was dat zijn succes zijn fantasie zou verstikken.

Ik vond *Nine* een uitdagend idee: een van 's werelds meest bezorgde films, *8½*, vertalen naar dat meest zorgeloze genre, de musical. Ik ging er voor naar Londen.

En er was niks aan. Eén acteur tussen vierentwintig actrices die om hem heen dansten en zongen, wat hem kwelde, want hij moest een film maken.

Eigen schuld. Ik had het kunnen weten. Nine, negen dus, volgt op achtenhalf. Maar op Fellini's *8½* valt niet voort te borduren. Want aan het einde van die film kruipt hoofdpersoon Guido (Marcello Mastroianni met fantastische wallen onder zijn ogen) onder de tafel en schiet zich door zijn kop. Vervolgens zien we alle personages terug. Ze zijn gekleed in witte variaties op de jurken en pakken die we van ze kennen, en ze doen een rondedans, getemd door Guido als circusdirecteur. Het is een uitgelaten toestand, iedereen lacht en joelt, kushandjes vliegen in de rondte. Maar het is een danse macabre, een visioen dat hoort bij de laatste adem van de hoofdpersoon.

Na $8\frac{1}{2}$ komt dus geen 9, maar nul.

Op $8\frac{1}{2}$ volgt de dood. Het niks dat nooit meer ophoudt.

De musical *Nine* was behept met de toeters, tieten en bellen. 'Typisch Fellini,' klonk het. En dan moet je uitkijken.

Hoor of lees ik: 'typisch Fellini' (of nog erger: 'fellinesk') dan berg ik mij. 'Typisch Fellini' verwijst altijd naar plompverloren kitsch.

Zo was het ook met die musical in het theater aan het Londense West End. Aanstellerij.

Aanstellerij met struisveren.

Geleende veren.

Wat een sof.

Fellini's films zijn exuberant. Sensueel. Vulgair. Ze juichen, en dat is heerlijk.

Maar vergis je niet, ze trekken je mee in een benauwde wereld. Een wereld vol vrouwen.

De films van Fellini gaan over heel veel en van alles en nog wat, maar altijd óók over vrouwen. En dan in het bijzonder over wat de man met ze aanmoet. In *Casanova* keek Fellini of hij ze onder de tafel kon neuken (als variatie op onder de tafel drinken. Lukt niet). In zijn laatste film, *Vrouwenstad* (*La città delle donne*) keek hij of hij ze kon begrijpen (niet, dus).

En in zijn meest beroemde film *La dolce vita* wil hij de verliefdheid op een vrouw doorgronden. Dat lukt hem, in de beroemde scène in de Trevi-fontein in Rome. Iedereen kent op zijn minst de foto's: de actrice **Anita Ekberg** rijst op tegen een achtergrond van bruisend water en schuimend marmer. Marcello Mastroianni waadt naar haar toe. Hij neigt met zijn mond naar haar lippen. Hij wil haar kussen. Maar hij heeft zijn ogen dicht en hij haalt het nét niet.

Ja, zo voelt het als je verliefd wordt.

In *8½* gunt Felini ons een kijkje in zijn wensdroom.

De deur zwaait open, een man komt thuis. Achter hem giert de wind, er liggen sneeuwvlokjes op zijn hoed. Een troep vrouwen zwermt naar voren, het zijn alle vrouwen die iets in zijn leven hebben betekend.

Ze juichen: 'Daar is-ie!!'

En ze beginnen hem te verzorgen, te koesteren, te behagen. In bad te stoppen. Te bedanken, dat hij bestaat en dat hij naar ze kijkt. Zijn echtgenote is er ook. Beeldig, verstandig en seksloos sjouwt ze met de wasmand en schrobt ze de vloer en ze is helemaal gelukkig.

Dit is de oerwens, zo wil de man het hebben, suggereert Fellini.

Seksistisch? Dat kun je denken, het ligt zelfs voor de hand. Maar ik kan het er niet van maken. Ik zie een man die denkt dat hij bijzonder is, terwijl hij is zoals zo veel mannen. Leuk en charmant. Inwisselbaar.

Maar die vrouwen om hem heen zijn allemaal uniek. Nooit kan hij de één ruilen voor de ander, want dan mist hij iets.

In *8½* erkent Fellini dat vrouwen hem de baas zijn. Niet dat die vrouwen één lijn trekken. Ze maken elkaar zwart, schelden, liegen, manipuleren. Zijn ze verliefd, dan willen ze die man voor zichzelf; is die verliefdheid uitgewoed, dan willen ze die man toch nog steeds voor zichzelf.

En die man? Die zit er amechtig tussen. Als een dwaas.

Ik vergat *Nine*, tot ik een kleine vijftien jaar later hoorde dat de musical verfilmd was. Ik dacht, ik doe het niet, ik ga niet, ik trap er niet nog een keer in.

Maar ik houd van filmmusicals.

Toch maar even proberen. Weglopen kan altijd nog.

Ik ga zitten. Het licht gaat uit, *Nine* begint. Beelden in korrelig zwart-wit. Zo teleporteer je je publiek naar de jaren zestig. Het zwart-wit wordt blauw-wit, wordt kleur. We bevinden ons in een hal in Cinecittà, de Romeinse filmstudio's en we maken kennis met hoofdpersoon Guido, die in deze film de gestalte krijgt van acteur **Daniel Day-Lewis**. Goed idee. Geen gladde jongen. Een doorleefde wolf: aaibaar met tanden.

Hij kijkt om zich heen, er wordt een film verwacht van hem, de succesrijke cineast, maar hoe, wat, welke? Waar moet hij beginnen?

Voor zijn ogen tekent zich een contour af.

Natuurlijk. Hij begint bij een vrouw.

Bij twee vrouwen.

Bij veel vrouwen.

Er ontrolt zich een showballet met tientallen vrouwen, in het algemeen en een stuk of wat fenomenen. Nicole Kidman. **Penelope Cruz**. Judy Dench.

En Sophia Loren. De echte.

Ze speelt de moeder, en dat klopt, want Loren is als moeder aarde, tenminste, als we het over Italië hebben.

En deze film heeft het over Italië. Althans, het Italië dat Fellini heeft verzonnen en dat de rest van de wereld heeft omarmd. Het Italië van de Vespa's, van de Cinzano (niet het drankje, dat drinkt niemand, maar de belettering van het etiket). Van de Alfa Romeo. Het Italië van de goedgeklede mannen met zonnebrillen. Het Italië van de papzakken met zweetplekken, ook met zonnebrillen. Het Italië van de vrouwen in jurken met spaghettibandjes – en eentje zakt af.

Ach, was het maar 1963. En was ik dan geen negen, maar negentien. En dat ik dan in Rome woonde, en dan...

Onzin. Met Fellini's *8½* heeft het weer weinig meer te maken, in *Nine*.

Maar ik geniet. Want de film *Nine* doet een goeie zet, door te kiezen voor een element dat er in *8½* uitspringt, maar dat gek genoeg nooit veel aandacht kreeg: hoe geweldig vrouwen zich kunnen vernederen en hoe weinig verweer mannen daartegen hebben.

Kijk naar Penelope Cruz als Guido's minnares. Altijd beeldig, maar hier even niet. Ze ligt in bed in een goedkoop hotel en ze jankt. Haar ogen zijn dik en rood, haar bovenlip ook. Haar make-up is aan gort en haar haren klitten. Ze heeft, wat halfhartig, gepro-beerd zichzelf te vergiftigen. En het kan haar niks schelen dat Guido haar zo ziet.

Wat doet hij? Vlucht hij meteen terug naar zijn exclusieve hotel en zijn mooie echtgenote? Nee. Hij blijft bij haar. De hele nacht, wat hem die echtgenote zal kosten en dat weet hij. En daar krijgt hij nog geen kusje voor terug.

Guido's echtgenote staat aan de andere kant van zijn spectrum, maar ook zij vernedert zichzelf grandioos. Zij pakt het niet furieus aan, maar lijdzaam. '*Take it all*,' zingt ze. Ze bedoelt: 'Ga je gang.'

Zij gijzelt hem met stille tranen, en met geredeneer, wat een def-tige vorm van schelden is.

Smeert hij 'm? Nee, hij luistert. Hoe ontluisterender ze haar zwakte vertoont, des te minder kan hij ertegenop.

Ik vrees dat ik me eens aan een verwarming heb vastgeklemd en weigerde te vertrekken bij een minnaar die mijn minnaar niet meer wilde zijn. In een openvallende peignoir, ook dat nog. Het was gê-nant. Maar ik genoot van mijn eigen exhibitionisme, juist omdat die man er niet van terug had. Hij haatte me, maar dat kon me niet schelen.

Het omgekeerde ken ik ook. Ik had een schoolvriendin die kon wegduiken in de zelfvernedering. Niet alleen trof ze haar vriendjes maar ook haar vriendinnen, als die iets deden wat haar niet beviel. 'Laat mij maar,' zei ze dan. Haar stem brak. 'Laat mij maar even.' Ze koos voor de slechtste plaats in de tent, trok zich op het schoolfeest terug in een donker hoekje, deed de afwas in haar eentje.

'Laat mij maar'? Ze was verschrikkelijk, maar ik liet het wel uit mijn hoofd om haar dat in te wrijven. Ze had me tuk. Ik voelde me schuldig terwijl ik niks verkeerd had gedaan, en een weerwoord had ik niet. Ik nam wraak door als het even kon over haar te rod-delen, maar ik liet haar nooit in haar sop gaarkoken.

Mannen kunnen heel erg lijden aan de liefde. Ze worden bedro-gen met een ander; ze worden verstrikt in een web van leugens –

niets mannelijks is de vrouw vreemd. En ook mannen reageren door zich te vernederen. Ze worden onredelijk, ze gaan schreeuwen. Of ze kruipen weg en worden zonderling. Of ze maken zich belachelijk door uren in de regen onder de lantaarnpaal voor de deur te blijven staan. Hun zelfvernedering is een middel, bedoeld om hun deserterende geliefde te treffen. De échte, vrouwelijke, zelfvernedering is een doel op zich, een drug. Die gaat door, bij voorkeur tegen beter weten in.

De literatuur, de film en de opera zijn van de vrouwelijke zelf-vernedering vergeven, en van de mannen die daar geen antwoord op weten. Alleen Rhett Butler in het goeie ouwe **Gone with the Wind** weet hoe hij Scarlett O'Hara, die hem voor de zoveelste keer uitdaagt moet afweren. Hij maakt haar onschadelijk met: *'Frankly my dear, I don't give a damn.'*

Maar in **Anna Karenina**, de gaafste liefdesroman ter wereld, ontwikkelt de lieve mooie Anna zich tot een ruzie zoekende trut. Prachtige pagina's wijdt Tolstoj aan de manier waarop zij haar geliefde graaf Wronski net zo lang provoceert tot zijn haat voor haar 'onmiskenbaar uit zijn hele gezicht sprak'. Doet ze haar best hem weer voor zich te winnen? Vergeet het maar. Anna gaat door. En telkens opnieuw belooft de graaf alles te doen zoals zij het wil, tot zijn eigen weerzin, maar hij komt niet van haar af.

Zelfvernedering is kijken hoe ver je kunt gaan, want daaruit kun je opmaken hoeveel die man van je houdt. Hoe meer hij pikt, hoe beter, en als het misgaat, glorieer je: zie je wel! Ik zei het toch! Jij houdt helemaal niet van mij. Leugenaar! Schoft!

In Verdi's opera **La Traviata** stuurt de courtisane en luxe hoer Violetta haar minnaar weg, naar het lijkt zomaar, ze zegt niet waarom. Ze kan niet anders maar dat weet hij niet, hij voelt zich diep beledigd. Hij slaat terug door haar te kijk te zetten als de hoer die ze voor hem juist niet was. Ze zou de waarheid kunnen onthullen, maar ze verdedigt zich niet. Nee, ze laat zich nog verder vernederen. Pas op haar sterfbed onthult ze hoe de vork in de steel zit. Ze zingt de aria die culmineert in de kreet: *'È tardi...'*

'Het is te laat...' Ze bedoelt: ik ga dood. En dan sterft ze daadwerkelijk – de ultieme zelfvernedering. Haar gewezen minnaar zal zich de rest van zijn leven schuldig voelen, en nooit zal hij haar vergeten.

Fellini had het allemaal al door toen hij *La strada* maakte. Met zijn eigen vrouw Giulietta Masina als een simpele ziel, verkracht en mishandeld door de kermisklant Zampanò die haar uitbaat als een lijfeigene. Maar die komt niet van haar af. Zampanó, heeft de vuisten, maar tegen haar lijdzaamheid kan hij niet op. En als hij haar uiteindelijk kwijt is, ligt hij aan het strand te huilen als een kleine jongen.

Hoog boven allen verheven staat Fellini's Saraghina, de meesteres van de zelfvernedering in *8½*. Ze is een uitgerangeerde prostituee die aan het strand geil danst als de kleine jongens haar geld geven: '*Saraghina! Balla la rumba!*'

Ze is lelijk en smerig. Haar exhibitionisme beschaamt mannen, want het getuigt van moed die de mannen niet opbrengen. Laat een man zich zo gaan, dan is dat een afgang. Als een vrouw het doet, vindt hij dat ook een afgang. Maar dat kan die vrouw niet schelen. Hoogst verwarrend.

Saraghina gaat door, haar vet lillend in haar lompen. Ziet ze een man dan knipoogt ze met haar eyelinerooglid, en grijnst ze als een diva. Het initiatief om haar lelijk te vinden slaat ze mannen uit handen. Weglopen doet ze niet. Ze schudt haar enorme heupen, likt langs haar brede lippen en schudt haar enorme borsten nog eens op. *Love me or leave me*, doe wat je wilt. Onder mij kun je niet uit.

Er bestaan nog altijd Saraghina's, ik zag er een in een Noord-Italiaanse badplaats. Ze was een kleine vrouw, altijd in dezelfde krappe jurk op dezelfde kurken plateauzolen. Zwaaiend met een tampon, alsof ze een grote witte tor aan een touwtje aan haar wijsvinger hield, liep ze op de boulevard te bedelen. Op verzoek trok ze de hoofden van opgeschoten jongens tegen haar borsten en dan werd er bulderend gelachen. Ik zag geronnen bloed onder haar neus, blauwe plekken op haar benen. Maar zij paradeerde als de koningin van Sheba. Ze had leeuwinnenmoed. En moed schept macht.

C*hicago*, de musical over de twee 'merry murderesses' Roxy en Velma in een vrouwengevangenis in de roaring twenties, opent met de song 'All that jazz'. Ik zong hem honderden keren mee, eerst met de plaat, later met de cd. Ik houd van dat schallende lied over onverschrokken vrouwen die de vernieling verkiezen boven braaf en veilig en zonder aanstoot.

> *I'm gonna bruise my knees*
> *and pull my stockings down...*

Ze bezingen hun voorkeur voor het nachtleven, waar ze hun knieen kunnen kneuzen en hun kousen neertrekken, aan flarden.
Past helemaal bij dit onderwerp, bedacht ik. Dit lied zingt de lof van het zelfrespect dat wordt ontleend aan de spot met dat zelfrespect.
Voor de zekerheid zocht ik de songtekst op.
Ik las:

> *Come on, babe,*
> *why don't we paint the town*
> *and all that jazz,*
> *I'm gonna rouge my knees*
> *and roll my stockings down*
> *And all that jazz...*

Net even anders, dus, net even bedeesder.
Mijn versie bevalt me beter.

7

Seks in beeld en gedoe

Kuisheid is een rotstreek

Het toneelstuk gaat over **Pier Paolo Pasolini**. Ik houd van zijn werk, ik ben vol verwachting in de zaal gaan zitten. En nu erger ik me. Ze hebben het daar op het podium over *Pierre* Paolo Pasolini. Hoe kan je iemand als onderwerp van je stuk kiezen en dan te lui zijn om uit te zoeken hoe je zijn naam uitspreekt? Veel kwalijker is dat de toneelmakers het schandaal van zijn dood – hij werd gruwelijk vermoord – zo breed uitmeten dat het lijkt of hij alleen maar heeft geleefd om in elkaar gebeukt te worden aan een strand vol zwerfvuil. Alsof zijn leven niet heeft geleid tot die poëzie en die films van hem. Tot beelden die je niet meer vergeet. Tot *Il decameron* bijvoorbeeld, zijn verfilming van de middeleeuwse seks&schelm-verhalen uit de *Decamerone* van Giovanni Boccaccio.

Pier Paolo Pasolini voert zijn publiek behendig Boccaccio's wereld binnen – vol vrouwen, en die vrouwen houden van seks. Variërend op Boccaccio droomt hij zich zelfs het volmaakte altaarstuk. Als zijn Madonna voert hij filmdiva **Silvana Mangano** op, de seksbom uit de geile jarenveertigfilm *Bittere rijst*, de moederdame uit *Death in Venice*. Zo suggereert hij achteloos dat de Moedermaagd in de Middeleeuwen net zo werd aanbeden als de moderne film- of popster. Hij zou wel eens gelijk kunnen hebben.

Kijk naar *Il decameron* van Pier Paolo Pasolini (wat heerlijk om die naam steeds in zijn geheel op te dreunen, hij is net een liedje).

Lees Boccaccio.

Kijk dan om je heen.

Besef dat wij altijd dezelfde beestjes zijn gebleven. De menselijke geest is van graniet, van evolutie is geen sprake. Tegen ons kan geen moderne tijd op. Mensen liegen nu, net als zevenhonderd jaar geleden. Vermoedelijk waren ze al link toen de looien deur nog moest worden uitgevonden. Eenzaamheid hebben ze nooit leren verdragen, nu en in 1348 verlangen ze naar de lichaamswarmte van die ander, van die ene. Ik vind die eeuwenoude verwantschap een mooie gedachte. Het voelt veilig: wie een ver verleden heeft, heeft ook een verre toekomst.

Nu ja, dat toneelstuk dus. Daar zit ik nog steeds, in die zaal.

Er gaat een acteur bloot. Er gaat een actrice bloot. Niks bijzonders. Wie van toneel houdt, heeft na enige tijd alle acteurs wel eens in hun nakie gezien.

Bovendien hebben ze het daar op de speelvloer over *Salò of de 120 dagen van Sodom*, de film waarmee Pier Paolo Pasolini varieerde op de geschriften van Markies de Sade, en dat ging gepaard met akelig naakt. De acteurs imiteren een van de filmscènes van Pasolini. Het blijft allemaal erg in het nette. Dat stoort. Als je een voorstelling maakt over een radicale kunstenaar moet je minstens zo radicaal durven uitpakken als hij. Dan ga je niet een partij braaf zitten doen.

Maar er klopt nóg iets niet. Waarom valt die ene actrice me toch zo op?

Het is haar schaamhaar.

Dat schort eraan, of liever: dat schort aan haar. Naar de eisen van vandaag is haar schaamstreek geschoren op een streepje dons over haar schaamspleet na.

In de films van Pier Paolo Pasolini hebben vrouwen vrouwenkutten, en die zijn niet poezelroze maar een haren driehoek. Ze zijn zichzelf. Vol van de glorie die de Gustave Courbet schilderde met *L'origine du monde*: een geloken oog dat spiedt vanuit de donkere schaduw. Een oog dat alles ziet, en dat op het punt staat te knipogen, want het raadt feilloos wat jou, de beschouwer, door je hoofd speelt.

Dit is de plek waar iedereen is gelanceerd. Ja, ook de religieuze kwezels die daar niet aan moeten denken. En ja, ook de schoonheidsfreaks die dit teken van bonzend leven liever plastisch-chirurgisch gladstrijken, want ze zijn er als de dood voor. Letterlijk. Deze bron van het leven, Courbets oorsprong van de wereld, is een memento mori. Elk begin is ook het begin van elk einde.

Wat bezielde die actrice, durfde ze niet het toneel op met een ongesoigneerde kut?

Ik denk dat ze dat best zou durven, maar dat zij noch haar regisseur op het idee is gekomen.

Haar is tegenwoordig iets voor op het hoofd. De rest van het lichaam wordt geschoren. Zelfs gigolo's geven de voorkeur aan clientèle met een geschoren vagina, dat bedingen ze op hun websites.

Het is me wat. Het smakelijke gewelf van grote en kleine schaamlippen is uit de gratie. Vrouwen zijn nu schijnmeisjes, in alle opzichten. Vagina's zijn liefst strak en glad. Zelfs de softporno doet mee. Daar wordt gefotoshopt en bewerkt tot er tussen vrouwenbenen een marmeren driehoek over is. Of het plastic heuveltje van een babypop.

En zo kon het gebeuren dat de kut een hedendaagse variant werd op het gebod tot kuisheid.

Vrouwen neigen meer tot het showen van hun kuisheid dan mannen (mannen doen verholen preuts, op het smetvrezerige af, maar dat is een ander verhaal). Niet dat die vrouwen van nature zo kuis zijn. Maar het geeft een hoop rust als een vrouw laat merken dat het met haar kuisheid wel snor zit.

Helaas. Met de makkelijke omgangsvormen van vandaag de dag, de bijna verplichte talkshow-openhartigheid en de show-it-all-mode, wordt het de vrouw niet makkelijker gemaakt om alsnog enige kuisheid uit te dragen.

Vandaar dat meisjeskutje. Zo kan een vrouw sexy zijn zo veel ze wil, uitdagend naar haar zin. Want in haar slip zit een meisje, dus haar kan niks verweten worden.

Met de haarloze vagina zijn we terug bij af: het fatsoen zit weer verstopt in de onderbroek van de vrouw. De seksuele revolutie is neergeslagen, geschiedenis, voorbij.

De jaren zeventig van de vorige eeuw waren een wankele tijd. De seksuele revolutie daalde ook over Nederland neer, stevig ondersteund door de anticonceptiepil. *'If you can't be with the one you love, love the one you're with,'* zong **Stephen Stills**, en die opdracht werd uitbundig in praktijk gebracht. Ik behoorde nog net tot die generatie en ik genoot er stevig van.

Het was spannend, zeker als je uit een keurig gezin kwam waar het samen met je moeder opvouwen van een tweepersoonslaken al aanleiding was voor een rood hoofd. En het was geweldig, want je kon experimenteren met erotiek zonder risico op zwangerschap.

Maar de pil was ook lastig. Wie een beleefd argument zocht tegen ongewenste avances kon het niet langer af met de vrees voor ongewenste zwangerschap. De vrije liefde was niet vrij, die was lichtelijk verplicht. Wie niet meedeed werd door de jongens en ook door veel meisjes weggezet als een burgertuttebol.

Overdrijf ik?

Ik dacht het niet. De nood steeg zo hoog dat een stel vrouwen de actie **'Als een meisje nee zegt bedoelt ze nee'** (1976) op touw zette. De actie bestond uit stickers met die tekst, voor op je tas, je jack en je agenda. Zo bracht je over dat je je had aangesloten bij de beweging die een voor de hand liggende waarheid aanhing: Ik neuk als ik je leuk vind, en anders niet.

Hoe vrijgevochten ook, seks was in die tijd nog altijd sex. Het smaakte naar verboden vrucht.

Dat je het toen schreef als 'sex' heeft de x tot op de dag van vandaag bevorderd tot een opwindende letter. Een letter met gespreide beentjes. Of een letter met vier beentjes, die de indruk maakt dat ze het aan het doen zijn. Een letter met inkijk.

Sex was interessant want sex was toch nog verboden toegang: sex mocht nog maar net en eigenlijk nog niet echt. En dus was sex hip.

En sex bracht de eerste echte 'sexfilms'. Ik vond ze toen prachtig en ik houd er nog altijd van.

Verwar seksfilms niet met pornografie. Wie porno kijkt, doet dat omdat hij zich wil laten opfokken. Porno kent geen publiek, porno is voor gebruikers.

De seksfilm is voor mensen die van film houden. Hij vertelt heftig, gewelddadig, teder, wreed, lief, over mensen die hun bloed voelen stromen, in hun wangen, in hun buik, in hun kruis. En ja, als het zo uitkomt, maakt hij erotische gevoelens los.

Mijn drie lievelingsseksfilms zijn erkende klassiekers, alle uit de jaren zeventig: *Last Tango in Paris*, het Poolse *La Bête* en *L'empire des sens* uit Japan.

Ik bekeek ze maar weer eens.

Ze zijn nog altijd mooi. Gek en grillig. Uitdagend.

Ik herinnerde me uiteraard dat deze films allerlei versies te berde brengen van '*the old in and out*' (zoals Alex het in *A Clockwork Orange* noemt). Maar ik was kwijt hoe gedetailleerd de liefdesdaad het bioscooppubliek onder ogen werd gebracht, soms zelfs met 'in en uit' in beeld.

Seks was toen veel gewoner dan nu. Want ik moet het toen allemaal gezien hebben. De frontale naaktheid in *Last Tango* van actrice Maria Schneider, met schaamhaar als een vossenbontje. Het gekookte ei dat in *L'empire des sens* in een vagina verdwijnt. En daar ook weer uit komt – het wordt opgevangen en opgegeten door de minnaar, binnen één shot, dus hij doet dat echt. De enorme pik van het beest (een acteur in een gecombineerd beren- en apenpak) in *La Bête* stond me nog helder voor de geest. Maar dat die pik (een ander woord zou de lading niet dekken) keer op keer ejaculeert – nee, dat was niet blijven hangen.

Waarom wist ik dat allemaal niet meer? Het antwoord kan alleen maar zijn dat zulke beelden destijds weinig schokkend waren. De moeite van het onthouden niet waard. Maar nu vallen ze op, want expliciet seksuele beelden zie je niet meer in de bioscoop. Sluipenderwijs zijn ze uit de filmkunst verdwenen.

Ik was ze ontwend. Ik vond ze veel bijzonderder dan dertig jaar geleden. Ik keek ervan op dat ze erin zaten.

En dat is merkwaardig, want wat had ik dan wel verwacht te zien in films die over seks gaan?

Wat ik ook niet had onthouden was het vrouwelijke perspectief van deze films.

L'empire des sens vertelt over een seksverslaving. In een ongebroken golf van lust wordt de passie van een vrouw voor een man uitgesponnen, en de manier waarop ze hem aanvuurt om haar in alles te volgen. In alles. Ook als ze toe is aan wurgseks. Zij wurgt.

La Bête varieert op het sprookje *la Belle et la Bête* en onderzoekt de seksuele consequenties ervan. Het beest is de man, zou je denken, maar nee hoor. Beest is vrouwelijk: La bête. De film ontmaskert de fabel van Beauty en haar Beest als een metafoor voor de angst van mannen voor de vrouwelijke lust. Tussendoor komen we erachter dat die angst de vrouw geen biet kan schelen.

Last Tango in Paris gaat over seks als tegengif. Tegen existentiële twijfel, tegen de wereld. Je moet iemand *zíjn*, beveelt die wereld. Wil je dat niet, dan kun je verdwijnen in seks. Geen betere methode om jezelf te verliezen dan in een orgasme. De vrouw van het verhaal heeft dat door. De man moet het ontdekken. Hij lijdt, zij vecht.

Deze films waren geen arthousefilms voor een geselecteerd publiek. Ik zag ze in grote bioscoopzalen, ze waren commerciële successen. Ze tonen seks in een tijd dat seks nog een erkend taboe was, met details die ruim dertig jaar later een filmmaker moeilijkheden zouden opleveren.

Niet dat de seksfilm verdwenen is. Nog steeds worden er talloze geslaagde films gemaakt met seks als oorzaak of uitkomst van een maalstroom van gebeurtenissen.

Ik heb twee recentere favorieten: ***Une liaison pornographique*** en ***Lucía y el sexo***. Ook in die films is seks een drijfveer. *Une liaison pornographique* vertelt over een rijp stel dat, op basis van een contactadvertentie, anoniem een seksuele fantasie praktiseert. Alles loopt gesmeerd, tot ze een keer 'gewoon' vrijen, als de verliefde mensen die ze tegen wil en dank geworden zijn. Dan gaat het mis.

In Lucía y el sexo leert Lucía dat de essentiële gebeurtenissen in haar leven seksueel gekleurd zijn, niet alleen de liefde, maar ook de dood en wonderen. Lucía stoomt van de geilheid; de maker van de film roept die meesterlijk op. Je voelt dat hij meer zou willen. En dat hij zich inhoudt.

Ze zijn leuk, deze films. Ze snijden wezenlijke levensvragen aan. Maar wat springen ze omzichtig om met hun onderwerp.

Het is geinig dat de seksuele fantasie van het stel uit *Une liaison* in het ongewisse blijft: 'Au! Spierpijn! In mijn dijen!', 'Ik ook! In mijn heupen!', 'Dat doen we niet meer, hoor, twee keer achter elkaar...' – en wij maar raden wat ze daar doen, achter die gesloten deur.

Maar komt het onverhoeds tot serieus liefdesspel dan speelt zich dat, letterlijk!, onder de lakens af. En dat dient verhaaltechnisch geen enkel doel.

De moderne seksfilm houdt het op bleu bloot. Een vrijpartij is een omfloerst gefilmde, ritmische beweging. Een en al suggestie, en alles om een hoekje vastgelegd, iets onwelvoeglijks komt niet in het vizier. Is het mannelijk geslachtsdeel te zien, dan is het terloops en zonder tekenen van opwinding. Van vrouwen komen er borsten in beeld, de rest niet.

Seksfilms zonder seks – in de jaren zeventig zou geen filmer geloofd hebben dat de permafrost van de jaren vijftig zo snel weer zou terugkeren.

Blijft dit zo?

Het is tijd voor een nieuwe Boccaccio, voor een nieuwe *Decamerone*, net zo charmant en net zo realistisch.

Boccaccio stelde vast dat vrouwen het meest van de liefde af weten. Hij geeft er allerlei argumenten voor, een van zijn vrouwelijke personages zegt het zo: '... bedenk dan dat wij altijd voor de liefde klaarstaan, terwijl je dat van de mannen toch helemaal niet kunt zeggen.' Want die hebben het te druk met andere zaken, vervolgt ze. De man, met meer kracht 'in zijn hersenen dan in zijn lendenen' is in de weer met gewichtig doen, als ik met een grove greep de mannen in de honderd verhalen samen mag vatten.

En de vrouwen? Die zijn net zo tuk op seksualiteit als de mannen, maar zonder gevoel hoeft het niet.

Hé, dat kennen we, elke zelfhulpgids stipt dat nog altijd aan: vrouwen willen niet anoniem vrijen. Die eisen tederheid, gesprek, telefoonnummer. Heel vervelend, erg zwak. Het maakt ze weerloos tegenover mannen die een wip maken, een taxi bellen en enkele reis vertrekken.

Vrouwen zouden kwetsbaar zijn. Maar het tegendeel is waar. Dat vrouwen vragen om een versje bij de seks, een liedje van verlangen, een verhaal van geluk en romantiek, betekent dat ze sterk zijn. Ze weigeren erotiek als bevredigingsinstrument te zien en ze zijn niet bang voor consequenties. Seks is geen ding, seks is iets dat ze delen. Seks is een antwoord op het menselijk onvermogen om alleen te staan. Ook als het voor even is, doet een vrouw met de geslachtsdaad een tegenzet op de eenzaamheid. Ze weet wat een onenightstand is, ze is niet onnozel. Maar ontvangt ze iemand in haar schoot, dan is het de bedoeling dat ze er een drie-eenheid aan overhoudt: bevrediging, bevestiging en intimiteit.

Wie wegvlucht is ijl, wie huilt weet dat zij bestaat.

Dankzij de vrouwen beschikt Boccaccio over een visum dat toegang geeft tot de krankzinnige krachten die de liefde losmaakt. In zijn verhalen valt om te beginnen op dat de huwelijksbelofte net zo'n smoes is, als het celibaat voor het katholieke kerkpersoneel.

Kuisheid is geen deugd, kuisheid is een rotstreek.

Boccaccio schreef geen sprookjes met magische dieren en toverspullen, zoals een gouden bal tussen de poten van een sprekende kikker die een prins wordt. De *Decamerone* houdt het bij de werkelijkheid. De kikker is een priester met een stevig stel ballen. Er komt geen prins uit hem tevoorschijn maar een optimale minnaar. Het slotakkoord van sprookjes – en ze leefden nog lang en gelukkig – maakt in de verhalen in de *Decamerone* plaats voor aards geluk: en hun lust werd geblust, tot in eeuwigheid, amen.

Vrouwen doen hun lust. Meestal is succes verzekerd, want de andere sekse doet krek hetzelfde.

Dat stelde ook William Shakespeare vast in een van zijn weinige vrouwenstukken, **The Taming of the Shrew**.

Het stuk geldt als moeilijk speelbaar, omdat de vrouw, de te temmen feeks, zo vreemd doet. Alles gaat goed zolang deze Katherina zich verzet tegen de man die haar wil veroveren, of beter, die haar eronder wil krijgen. Maar bij het slot geeft ze zich ineens gewonnen en lijkt het of Shakespeare het stuk uit zijn handen liet vallen.

Hoe kan het dat deze Kate, de vechtersbazin die zich liever liet uithongeren dan dat ze zou buigen voor een man, ineens verklaart dat een goede vrouw zich laat vertrappen, als haar man haar daarom vraagt?

Buigt dus uw trots en legt, als onderpand,
Onder den voet uws echtgenoots uw hand;
Verlangt hij dit als blijk van volgzaamheid,
Als hij 't beveelt, hij vindt mijn hand bereid.

Dat kan. Als het maar deel uitmaakt van het liefdesspel van aan elkaar gewaagde minnaars. Katherina moet sublieme seks hebben met de man die haar echtgenoot werd. Neem je dat aan, dan kun je haar slotwoorden verstaan als een vorm van verbale erotiek, gekruid met wat sm-fantasie. Vat het zo op en het besluit van *De getemde feeks* is zo klaar als een klontje.

Je ziet hoe Kate gaapt zoals een tijger gaapt. Ze opent haar muil en toont haar scherpe tanden.

Haar man speelt haar spel mee. Rebellie en onderwerping zijn twee kanten van dezelfde lust. Ertussenin woelt een fabelachtig ritsloos nummer.

21 december

De mooiste dag.
Kortste licht, langste nacht.
Bidden helpt niet –
de nacht wordt korter, het licht ontploft in fractalen.
Bidden helpt sowieso niet –

Maar bidden staat zo mooi:
gevouwen handen, gebogen hoofd, gezicht benepen.
En dan nederig, heel nederig,
het uiterste, het alleruiterste vragen.

Ik vraag het toch nederig?
Nou dan! Schiet op opperwezen!

Non
No
Nein
Nee
(wie borsten heeft is sterker
dan wie ze niet heeft.
God heeft geen borsten)

(voor Luc)

De vamp uit de fles

Mode is van het grootste belang

LISA
(Her dress is high-style fashion and dramatic
evening wear.)

-- Right off the Paris plane. Think it
will sell?
(...)
A steal at eleven hundred dollars.

JEFF
(A low whistle)
That dress should be listed on the
stock exchange.
(...)

LISA
Even if I had to pay, it would be
worth it -- just for the occasion.

JEFF
(Off -- puzzled)
Something big going on somewhere?

LISA
Going on right here. It's a big night.

```
JEFF
(Off)
It's just a run-of-the-mill Monday.
The calendar's loaded with them.

LISA
It's opening night of the last
depressing week of L.B. Jefferies
in a cast.
```

★
★
(Uit het script van **Rear Window**, Alfred Hitchcock, 1954.
Lisa: Grace Kelly. Jeff (L.B.) Jefferies: **James Stewart**.)

★ **E**r was eens een filmster, maar dat was ruim vijftig jaar geleden.
Grace Kelly heette ze. Geboren in 1929. Overleden in 1982. Inge-
kookt in de tijd. Toen een evenement, nu verdund tot herinneringen. Ook voor mij. Als ik aan haar denk, herinner ik me vooral
mezelf-die-naar-Grace-Kelly-kijkt, in het post-Kelly-tijdperk, in de
jaren zeventig. Haar films werden als klassiekers gepresenteerd in
wat toen nog 'filmhuizen' heetten.

High Noon was de eerste Grace Kelly-film die ik zag, maar met
haar luifelhoedje stak ze braafjes af tegen de grandeur van Gary
Cooper. *To Catch a Thief* was de tweede. Ze viel op. Ze was mooi
en kek. De kleren om haar botten en vleesje koesterden haar of ze
haar overal wilden kussen. En ze deed niet net of dat toevallig was.
Ze besefte haar schoonheid: handig in verband met de andere sekse, en een directe route naar zelfvervulling.

Grace Kelly is dood en verdwenen, maar we hebben een residu. Een
idee. Een gemoedstoestand. Het wordt 'gracekelly' genoemd. Het
veert op bij een kapsel met de Kelly-rol. Het neigt tot een zucht bij
een elleboog waar de *Kelly bag* van het modehuis Hermès aan
hangt. (Ook geschikt om een mep mee te verkopen, als een foto-

graaf je lastigvalt – maar dat is een ander verhaal). Het fluistert: ijdelheid is goud waard.

Abracadabra?

Nee. Abc.

'Gracekelly' is het alfabet van de vitaliteit van mode. Het $E=mc^2$ dat bepaalt dat eigenwaarde de uitkomst is van het vermogen tot levenslust maal het uiterlijk in het kwadraat.

De idee gracekelly is bedreigend, hij wordt even routineus als afwerend afgedaan als oppervlakkig en aanstellerij. De persoon Grace Kelly wordt onschadelijk gehouden als 'icoon': heilig, van hout en opgepoetst door hoogbejaarde gelovigen met tranen in hun ogen. Iemand voor een tentoonstelling omdat ze 25 jaar dood is, met brieven en haar jurken met haar zweetvlekken en zo. Leuk als verzetje voor dwepers en sensatiezoekers. Maar zo zit het niet. Die spulletjes zijn levenloos, gracekelly leeft.

Gracekelly is een stijl, die berust op zelfverzekerde elegantie. Gracekelly is fris en feminien, maar geen zacht ei. Zwoel. Op de mond waar rake zinnen uit rollen zit altijd lipstick.

Gracekelly spot met de mannen en de vrouwen die op haar idee neerkijken, omdat het weet dat juist die laatdunkende mannen en juist die nijdige vrouwen andermans&andervrouws uiterlijk maar wat goed in de gaten houden.

Laat ik bij het eind beginnen. Grace Kelly verloofde zich in 1955 met prins **Rainier van Monaco**, zeven maanden na hun eerste ontmoeting op het familiekasteel aan de Côte d'Azur. Hun sprookjeshuwelijk was te mooi om waar te zijn.

En dat was ook zo. Het huwelijk was bedisseld. Kelly kreeg een prinsesselijke status, de prins een vrouw die het toerisme in Monte Carlo een opkontje gaf. Niks nieuws, zo doen de hoge kringen dat, adellijk of niet, kijk maar naar de zeventiende-eeuwse portretten van koopmansvrouwen, of de statiefoto's van **Helmut Newton**.

Een filmster is een risico voor een huwelijk dat iets anders moet smeden dan een liefdesband. De Kennedy's durfden Marilyn Monroe niet aan als partner voor een van hun zoons, maar van outsider Jacqueline Bouvier profiteerden ze volop: John F. Kennedy was zonder zijn Jackie een andere president geweest. Insider lady Diana Spencer bleek, hoewel een product van *good breeding* en lieveling van het volk, toch een gevaar voor prins Charles en het Britse koningshuis. Dichter bij huis gaat het met burgerster Máxima Zorreguieta voorlopig naar wens.

Als boegbeeld voor Monaco en de monarchie voldeed Grace Kelly optimaal, afgezien van haar hersenbloeding achter het stuur, waardoor ze verongelukte. Maar ach, dramatisch sterven in een auto, het heeft wel wat (zie Lady Di, of **Isadora Duncan**).

Grace Kelly bestond toen trouwens al meer dan een kwart eeuw niet meer: ze was prinses Gracia en had van haar prins haar carrière als filmactrice vaarwel moeten zeggen. Haar film *To Catch a Thief* mocht in Monaco niet worden vertoond. Een prinses als juwelendief aan de Rivièra, dat kwam te dichtbij.

Schijndood op haar 26ste, het zal moeilijk geweest zijn, maar dat offer leverde iets op. Het conserveerde haar imago, dat de tijd niet kreeg om vertroebeld te worden door B-films, drank, drugs, verkeerde vrienden of ouderdom en verval, zoals haar collega-sterren overkwam. Zeg Katharine Hepburn en je denkt: trillend hoofd, parkinson, niet: *The African Queen*. Zeg Ava Gardner en je zegt niet: *The Sun Also Rises*, maar: onmogelijk mens, gênante ruzies met Frank Sinatra.

Grace Kelly's naam en faam zijn gebaseerd gebleven op slechts elf films. Die afgepaste faam houdt haar voor altijd springlevend. Haar Monegaskische prins wordt pas hoofdzaak als we het hebben over de gedoemde kinderen Caroline, Albert, Stephanie, en die lijken altijd meer van hem dan van Grace Kelly.

Grace Kelly dankt haar beste films aan het Engelse genie Alfred Hitchcock. Hij begreep het effect van haar couturestijl. Hij zette onverschrokken in op Kelly's quasikoele uiterlijk, dat het filosofische belang van mooi-zijn niet verborg maar juist aantoonde.

Rear Window, *To Catch a Thief* en *Dial M for Murder*, de drie Kelly-Hitchcockfilms, draaien om vrouwen die in hun kern naar erotiek verlangen. Naar aandachtige seks uit wederzijdse bewondering. Naar de serieuze sensualiteit van een vrouw die haar kleren draagt om ze uit te trekken, maar die daarom nog geen del is.

In Grace Kelly sluimerde altijd de vamp. Hitchcock was de cineast die dat onderkende en optimaal benutte.

Toen zij ophield met acteren, bleef hij zoeken naar een actrice met een vergelijkbare niet te bekrassen imago. Met Kelly's vanzelfsprekende chic. Doris Day, Vera Miles, Tippi Hedren, Kim Novak, ze fungeerden voor hem als tweedehands Kelly's. Hitch probeerde het zelfs met de kuise Julie Andrews, die was ook nog eens lief. Ze waren allen mooi, ze speelden allen adequaat en meestal uitstekend. Maar nooit gumde één van deze actrices Grace Kelly uit. Pas als je haar in hun plaats dacht, zag je de vrouw die Hitchcock had bedoeld.

Alfred Hitchcock en Grace Kelly delen hun beider allerbeste film: *Rear Window*.

In het eerste shot van die film trekken drie ramen één voor één hun rolgordijnen op om ons zicht te bieden op de vensters van de huizen aan de overzijde van een binnentuin. Maar je ziet ook iets anders: Hitchcock toont ramen die hun rokken optrekken. Ramen die de taal van kleding kennen.

In *Rear Window* wordt de vraag 'Wat trek ik aan?' zo serieus genomen als hij is. Het is een onderschat vraagstuk, terwijl het doorslaggevend kan zijn voor het succes van een minuut, een uur, een ontmoeting, een heel leven.

James Stewart speelt Jeff, een fotograaf die herstelt van een ongeluk dat hem van enkel tot middel in het gips heeft gesloten. Jeff heeft een machoberoep, maar nu is hij impotent en zijn camera met de lange telelens is een fallusvervanger – voor dat inzicht hoef je Freud niet gelezen te hebben.

Grace Kelly is Lisa, redactrice van een modemagazine à la *Vogue*. Zelfverzekerd is ze. Nooit: 'Sorry dat ik er zo mooi uitzie', maar: 'Ja, ik deed mijn best voor jou, waarom jij eigenlijk niet voor mij?'

Lisa en Jeff hebben het meteen in hun eerste scène samen over haar outfit: een wijde witte tulen rok met zwarte borduursels aan de taille onder een geraffineerde zwarte V-hals. Bijpassende stola, onderarmhoge handschoenen. Lisa kon de cocktailcombi lenen, maar ze zou, zegt ze, het geld, als ze het had, ervoor over hebben: '... *a steal at 1100 dollars.*'

Verspilling, vindt hij, waarom zou ze dat doen?

Voor dit feest natuurlijk.

Welk feest?

Nou, dat je je laatste week in het gips ingaat!

Lisa toont de man in de gekreukte pyjama die te bang is voor gevoelens om enthousiasme te tonen, dat hij a: een man in een gekreukte pyjama is voor wie zij niettemin iets moois wil doen; en b: dat hij met al zijn wereldwijze cynisme iets niet kan wat zij wel kan – eerst een feest verzinnen omdat er een feest nodig is, en dat dan op passende wijze invullen.

Kies maar: zijn pyjama of haar rok, meterswijd, zwaar van luchtigheid. Wie is er sterker? Wereldwijzer? Wie heeft hier de fantasie?

Juist. Geen ontkomen aan: de vrouw in de zorgvuldig gekozen en gedragen kleding.

Hij zit vast, zij niet. Zij leeft, hij niet.

Zij leert hem te leven. Hoe? Door hem de waarde van mode en kleding te leren. Door zijn dedain te ontmaskeren als onvruchtbaar en zijn moralisme als een vooroordeel, wrijft ze hem onder zijn neus dat haar wereld niet onderdoet voor die van hem.

Ze gaat systematisch te werk, outfit na outfit, passend bij de verschillende stadia van het verhaal. Eeuwig chic, ademstokkend aantrekkelijk.

Tot slot past Liza zich aan haar leven als echtgenote van een nieuwsfotograaf aan. Kijk maar: ze draagt een overhemd – van oranje zijde. Ze leest een studieboek – waarin ze de *Harper's Bazaar* verbergt. Ze is de vleesgeworden tegenspraak van de malle vreemde gedachte dat makkelijke kleding alleen telt als hij lelijk is.

Op film geven ogen de doorslag. De ogen van een acteur zijn gesloten net zo veelzeggend als open.

De blik van Grace Kelly bepaalt *Rear Window*. James Stewart zit er hulpeloos bij. Hij kankert. Hij kijkt weg. Hij verdedigt zich door een aanvaller te verblinden met flitslampjes. Daarbij houdt hij zijn hand voor zijn eigen ogen: hij ziet niks, wij zien zijn ogen niet.

Hij telt niet mee.

Grace Kelly wel.

Wat ziet zij? Wie ziet zij? Haar ogen kijken vaak in die van ons. Wij kijken terug en plonzen in haar gedachten. Wij worden één met haar.

Ik ga weer eens zitten met *Rear Window*. Leve de dvd-speler, die de filmminnaar heeft gered van wachten, wachten, wachten... tot een film weer eens werd vertoond, en vervolgens een magistraal vluggertje in de bioscoop.

Vandaag kies ik voor de passage waarin Grace Kelly op haar gelijk afstevent in een losse lindengroene tailleur. Met James Stewart op de achtergrond in zijn rolstoel, leunt zij over de breedte van het beeld. Haar kracht waaiert uit via dat superieur gesneden pakje met de sjaalkraag en de kokerrok.

Ik bedenk voor de zoveelste keer dat ik het vreemd vind dat mode en de modewereld zo laag staan aangeschreven in de cinema. Films en romans over sport gaan over helden. Films en romans over mode gaan over heksen, met een sympathieke bijrol voor een aaibare homoseksueel.

Sinds wanneer is dat? In de film ***Funny Face*** met Audrey Hepburn als mannequin, en de hoofdredactrice van een modeblad als motor van het verhaal (*'Think pink!'*), is mode nog een positieve kracht: een eenzaam blauwkousje wordt een gevierde vrouw.

Maar nu? Dat zijn de speelfilm ***The Devil Wears Prada***, en de documentaire ***The September Issue***. De hoofdredacteur van het fameuze modeblad *Vogue* speelt in beide films de hoofdrol. In *The Devil* is ze een personage, in *The September Issue* is ze het zelf: Anna Wintour. In beide films zie je haar het beste modeblad van de wereld maken. En toch wordt ze voorgesteld als een duivelin. Waarom? Omdat ze niet lief doet, maar haar vak serieus neemt: de mode en de kwaliteit van de couturiers.

Zelfs de documentaire moffelt haar kwaliteiten weg ten gunste van een redactrice die de kattigheid van haar bazin in haar eigen voordeel uitspeelt: o wat is ze zielig. En wat wordt ze door Wintour ondergewaardeerd!

Ja. En wat is ze ook een stuk minder getalenteerd dan Wintour. Was de zielenpoot de baas, dan bestond *Vogue* niet.

Mode is in de ogen van velen een troep aasgieren met kapsones en een catwalk met anorexiamodellen van veertien of jonger. Maar zomin als sport gaat over vedettes die zich misdragen, draait mode om hongerende modellen. Mode gaat over schepping en herschepping.

Er zij licht.... Mode bepaalt het aanzien van de wereld. Mode echoot de samenspraak van lichaam en geest. Mode draait om **Coco Chanel**, die vaststelde dat een uiterst vrouwelijke vrouw niet onderdoet voor een man. Om **Elsa Schiaparelli**, die de vrijheid nam voor handschoenen met roze nageltjes en een kreeftenjapon. Mode maakt het leven mooier. Aandacht voor kleding verheldert het denken, het bevordert het onderlinge begrip. Het verlicht de condition humaine.

Dat nu is dankzij Grace Kelly allemaal te zien in *Rear Window*. Lisa-Grace maakt met haar outfits statements die niet gehoord zouden worden als zij ze had uitgesproken. Luisteren kun je laten. Kijken niet.

Ik houd van Grace Kelly en uit de idee gracekelly trek ik nog altijd lessen. Ik bekijk *Rear Window*, nu de scène waarin Lisa-Grace als een geveltoerist een raam binnen klimt. Haar wijde rok hindert haar niet. Integendeel, hij is ondersteunend bewijs voor haar vindingrijkheid en haar durf. Hij zegt: ik ben magnifiek, deze vrouw is magnifiek.

Ik druk op de pauzetoets als ik, door de telelens van Jeff-James,

Lisa-Grace de handtas zie tonen van de vrouw die verdwenen is. Haar gezicht staat opgetogen. 'Dit is het bewijs van de moord: geen vrouw gaat het huis uit zonder haar tas.'

De taal van de handtas. Die is crucuaal, dat zal Jeff-James moeten toegeven. Het is het moment dat Lisa-Grace haar discours bevestigt van het belang van kleding, uiterlijk en mode. Zij wint hier de discussie met de man die haar wijsheid de hele film wenst te weerspreken.

In het beeld met de tas schuilt alle triomf die iemand nodig kan hebben.

10

Ik ben vintage

Mooi zijn is een vak

Allemaal zijn ze officieel de mooiste van het land geweest. Miss Holland, met een sjerp van schouder tot heup, met koppen in de kranten en een item in het polygoonjournaal. Hun prijs was een badpak (**Annemarie Brink**), een Fiat 500 (**Anja Schuit**), een auto en een hond (**Welmoed Hollenberg**), een tonnetje haring en een deken (**Maureen Renzen**). Of niets (**Elly Koot**: 'De eerste vijf zouden een beautycase krijgen. Er was er één tekort en toen zei de organisatie: ach, jij hebt al gewonnen, laat jij 'm maar zitten.').

Op Welmoed Hollenberg na, die al snel haar leven op een reclamebureau weer oppakte, werden ze opgezogen door de modewereld. Ze werden fotomodel en mannequin. Ze werkten hard, ze reisden de wereld rond, soms bleven ze hangen in het modevak. Maureen Renzen acteerde en begon een modellenbureau. Annemarie Brink werd docente aan de Amsterdamse mode-academie Charles Montaigne, en trainde aspirant-modellen. Elly Koot werd een legendarische '*dame du salon*' bij modeontwerper **Mart Visser**. Ze is de gastvrouw van zijn modehuis. Ze ontvangt en koestert de clientèle en ze bestiert de pr.

Ik bel Anja Schuit op, en zeg dat ik nieuwsgierig ben naar schoonheidskoninginnen en dus naar haar verleden als Miss Holland 1965. Zou ze me daarover willen vertellen? Dat vindt ze geen onbeschaamde of zelfs maar vreemde vraag. We maken een afspraak. 'Zullen we Americain doen?' zegt ze.

Goed idee, afspreken bij het café-restaurant dat in zijn glorietijd in de jaren zestig de Amsterdamse culturele elite te drinken gaf en bekendstond om zijn onbehouwen obers.

Ik ben te vroeg. Ik kies een tafeltje halverwege de zaal, met uitzicht op de ingang. Ik weet niet hoe Anja Schuit er nu uitziet. Ik ken haar foto's van vroeger, maar die zijn ruim veertig jaar oud.

Ik had niet onzeker hoeven zijn.

Boven aan de trap, die van de draaideur naar de zaal leidt en waar ik al allerlei mensen en schimmen naar beneden heb zien komen, verschijnt ze.

En dat bedoel ik letterlijk: ze verschijnt.

Dit is ze, dat kan niet anders, dit is Anja Schuit.

Ze staat stil. Ze monstert de ruimte. Ja, ze monstert, een ander woord is er niet voor wat ze doet. Ze neemt met haar blik bezit van het café-restaurant en iedereen die daar in aanwezig is. Ze schudt haar haren over haar schouders. Ze laat haar shawl openvallen. De Nederlandse Anita Ekberg, denk ik automatisch.

Ik steek mijn hand op en krijg daar een geweldige glimlach voor terug. Ze daalt af en komt naar me toe. Er wordt omgekeken. Alle ogen in Americain hebben haar inmiddels opgemerkt. Alle harten kloppen een tikje sneller.

Anja Schuit (1943) wist dat ze mooi was doordat ze Miss HBS-3a werd. 'Goh, dacht ik. Ik was vrij blij met mezelf, zo ben je, op die leeftijd. Maar thuis speelde mijn uiterlijk geen rol.'

Welmoed Hollenberg (1948) vond mooi zijn 'een vaag begrip'. Ze schreef zich in voor de Missverkiezing 'omdat de deuren van mijn ouwe Eend steeds openwoeien. Ik wilde gewoon een nieuwe auto winnen.'

Maar Maureen Renzen (1951) was zich al lang van haar uiterlijk bewust. Als tienjarige bekeek ze steeds opnieuw haar schoolportret: 'O wat ben ik mooi, o wat is dat prachtig, dacht ik dan. Mijn broertje heeft die foto verscheurd: al die ijdelheden hier beneden, daar moest hij niets van hebben.'

Tot ze als zestienjarige door een modefotograaf op straat werd ontdekt, vergeleek Elly Koot (1943) zich met haar moeder.

'Díé was mooi. Die was Miss Esther Williams. Tegen mij zei iedereen: wat lijk jíj op je vader. Ik was een samenraapsel van van alles en het geheel was leuk. Mooi zijn is aandacht trekken en ik vind aandacht trekken heerlijk. Mooi zijn schept ook afstand. Ik ben vaak een muurbloempje geweest, de mensen durfden me gewoon niet aan te spreken. Bínnenkomen, dat wil zeggen, ergens arriveren en uitstralen: hier ben ik – dat kan ik pas sinds ik ouder ben. Toen ik jong was, was ik daar te onzeker voor.'

Annemarie Brink (1944) had op school altijd moeilijkheden: 'We kwamen met zijn vijven te laat, maar ík kreeg op mijn donder. Een andere leraar troostte me: "Dat komt doordat die leraar alleen maar jou ziet."' Haar moeder stuurde haar naar een mannequin-cursus omdat ze, in haar pogingen om minder op te vallen, krom was gaan lopen. Vervolgens werd ze Miss Gelderland. 'Dat vond ik leuk want ik kreeg cadeautjes. Ik had niet de ambitie om Miss Holland te worden. Meedoen wilde ik wel – lekker spijbelen. Ik vond mezelf mooi. Dat werd me ook aangepraat en ik liet het me aanleunen.'

En nu?

De Missen zijn veranderd. Jong zijn ze niet meer, ze zijn oudere vrouwen.

Oud-zijn bestaat volgens Anja Schuit tegenwoordig eigenlijk niet meer: 'Ik werd vijftig, en ik dacht: nou ja. Bij zestig dacht ik, het is wel veel, maar aan die rimpels laat ik niets doen, die heb ik verdiend. Ik zie eruit als een zestigplusser die er goed uitziet, want ik weet hoe ik dat aan moet pakken. Ik verzorg mezelf goed, ik doe jaarlijks een intensieve ontslakkingskuur. Jong doen? Nee zeg. Dat is achterlijk. Voor wie doe je dat dan?'

Elly Koot wacht in Americain. Ik ben te vroeg, maar zij zit er al. Een beetje uit het zicht, aan het raam. Zij lijkt niet meer op de foto's van toen, maar ik herken haar direct doordat ze zo duidelijk bescheiden wil zijn maar daar op geen stukken na in slaagt.

Ze is een Walkure, iemand naar wie je wel moet kijken. Dat doen de mensen aan het tafeltje naast ons ook, per ongeluk, ze generen zich als ze op hun blikken worden betrapt. Elly Koot knikt ze toe en kijkt naar mij. Ik word zo verlegen dat ik haar, heel mooi gesneden, colbert bestudeer. Het is blauw, ijsvogelblauw.

Ze merkt mijn bevangenheid op en zij breekt het ijs (wat ik eigenlijk hoor te doen). Ze vertelt over haar werk in de modewereld, over haar jeugd in het centrum van Amsterdam. Over ouder worden.

'Het is hard, maar het uiterlijk telt,' weet Elly Koot, 'ook al zeggen de mensen dat het niet zo is. Ik denk elk jaar: ik ga niet meer naar het strand, ik laat niets meer zien. En ik ga toch, elk jaar weer. Natuurlijk. Maar onbevangen lopen pronken lukt niet meer.'

Anja Schuit herinnert zich de eerste keer dat 'de koppen niet meer om gingen' toen ze passeerde. 'In Zürich, ik was zestig. Niemand keek en dat was, nu ja, laten we zeggen: dat was even een ervaring. Maar ik dacht niet: nu word ik oud. Ik dacht: het jong zijn is voorbij.'

Welmoed Hollenberg wil 'leeftijdloos' zijn. 'Ik kijk niet om, ik zie niet terug.' Ook Maureen Renzen voert geen strijd: 'Ik kreeg op mijn 21ste mijn eerste kraaienpootjes en ik genoot: ze beginnen! Later bekeek ik rimpels op mijn armen, net rivieren, mooi vond ik die. Ik heb me nooit jong gevoeld, ik ben oud geboren. Afscheid neem ik pas in mijn kist: bedankt lichaam, ik trek weer verder.'

'Toen ik jong was, leefde ik onverschilliger,' herinnert Annemarie Brink zich. 'Alles was vanzelfsprekend en zo glipte het leven me door de vingers. Ik was de hele nacht in de dancing. Ik ging niet naar bed en de volgende dag showde ik badpakken in Brabant. Mijn geld smeet ik over de balk. Ik nam de hoeren in de Utrechtsestraat mee naar de Blue Note om ze op champagne te trakteren. Ik was een rare wilde meid, nu ben ik een pietje precies. Ik had vroeger niet willen missen maar ik heb er geen heimwee naar. Het voordeel van ouder worden is toch dat je iets sneller als onzin ontmaskert. Dat bespaart veel tijd.'

Elly Koot: 'Iedereen schat me jonger. Nou én? Mij kan het niet schelen hoe oud iemand is. Ik droeg naar een feest een kimono van

Fong Leng. Ik verwachtte dat iedereen zou zeggen: wat is dat voor ouwe jurk? Maar nee, ze zeiden: o wat mooi, is die vintage? Ik dacht: ik ook. Ik ben niet oud, ik ben vintage. Vroeger bestond oud worden nog wel. Een vrouw mocht met een jaar of vijftig niet te veel make-up meer dragen en ze moest zich maar liever niet wuft kleden. Tegenwoordig kan iemand van zeventig, met mooi lang grijs haar, heel cool zijn.'

Koot heeft, zoals ze het zelf uitdrukt 'de keerzijde van mooi zijn' meegemaakt: 'Normaal gesproken verouder je langzaam. Ik was 35. Ik keek in de spiegel en ik herkende mezelf ineens niet meer. Door een tumor op mijn hypofyse maakte ik zelf cortizonen aan en die maakten me op slag dik, krachteloos en, ja, heel erg lelijk. Ik overwon die ziekte, maar tien jaar later sloeg hij weer toe. Toen ik van die tweede keer genezen was, heb ik mijn uitgerekte wangen glad laten trekken en mijn hals laten liften. Een ouwe nek, dat past niet bij me.'

Ze wijst met tien vingers naar de rimpels op haar hals. Ze giechelt: 'En nu heb ik die ouwe nek terug. Maar nu durf ik het niet meer.'

Annemarie Brink nam de telefoon op. Ik verstond haar slecht, want ze praat moeilijk, ze mist na een operatie een deel van haar tong. Voor ik kan voorstellen om elkaar in Americain te ontmoeten, heeft ze al gevraagd of ik bij haar thuis kom.

Ik zie ertegenop. Ik ben niet alleen bang dat ik haar slecht zal verstaan, maar ook dat ik zal worden overweldigd door medelijden – wat voor geen van beide partijen aangenaam zou zijn, voor haar nog het minst, en dat wekt vervolgens nog meer medelijden.

De deur gaat open en ogen à la **Sophia Loren** kijken me aan. Voor medelijden is geen plaats, daarvoor laat Annemarie Brink geen ruimte. De kanker sloeg toe maar hij versloeg haar niet. Dat ze moeilijk praat betekent niet dat ze weinig praat. Integendeel, als je haar niet verstaat dan zegt ze het nog een keer en nog weer, net zo lang tot je haar helemaal hebt begrepen.

Haar uiterlijk is aangetast. Haar onderkaak is verminkt, een hoge kraag onttrekt de littekens in haar hals aan het zicht. Kin en onderlip kan ze niet verbergen en die zijn zwaar getekend.

Ze laat me haar nieuwe hoed zien, zet hem op voor de spiegel en draait zich naar mij toe: ik zie iemand die weergaloos is, en niet alleen omdat ze zo'n sterke geest heeft, en meester in het kwikzilvergesprek. Ze is hartstikke mooi.

Toen ze achter in de vijftig was, zag Annemarie Brink haar wangen slap worden. 'Hamsterzakjes. Ik heb ze met een zogenaamde minilift weg laten halen. Ik was daar heel blij mee, ik voelde me stukken beter. Het is duur, maar ik raad het nog altijd iedereen aan.'

Enkele jaren na die lift groeide er een tumor in haar mondholte. In een operatie van dertien uur werd haar hals 'helemaal opengelegd'. Een deel van haar tong moest worden weggenomen. Ze trekt haar kraag opzij en toont een landkaart van littekens. 'Het zag er ook voor de rest niet uit,' zegt ze droog. 'Mijn onderkaak was gekraakt, mijn onderlip hing scheef. Maar ik ben meteen de straat op gegaan. Thuiszitten mocht niet, ik moest erdoorheen. Ik dacht: mijn ogen zijn altijd mijn sterke punt geweest en daar is niets mee gebeurd. Ik heb een goed huwelijk en ik leef nog. Ik eet moeilijk, ik praat moeilijk. Dat gaat niet weg, maar ik ben eraan gewend.'

Na een jaar kreeg ze met plastische chirurgie weer een acceptabele kin en lip. De littekens in haar hals konden niet verholpen worden. 'Aan een bestraalde huid is niets te doen,' zei de chirurg.

Brink: 'Ik was expressief en dat ben ik gebleven. Ik val nog altijd op en dat vind ik leuk. Veel praten, adviseerde de logopediste toen ik was genezen van mijn operatie. Nou, dat is me wel toevertrouwd. Ik praat. Aan de telefoon denken ze soms dat ik bezopen ben en in de supermarkt leggen ze met grote gebaren uit waar iets ligt, want ze verslijten me voor doofstom. Nee, dat vind ik niet erg, waarom zou ik? Ik moet erom lachen. Het is grappig, en ik heb weer een goed verhaal.'

Eens Miss Holland, altijd Miss Holland? Zo is het niet. Vrouwen zijn realisten, gewezen Missen helemaal. Ze blijven niet hangen in het verleden.

Anja Schuit: 'Vroeger leidde ik een *heavy social life*. Ik heb in Cannes gewoond, in Rome en Londen. En o ja, in Milaan. Toen was het glitter en glamour. Nu is het de fiets. Dat stoort me helemaal niet.'

Maar een beetje Miss Holland verleert het vak nooit, het vak van mooi zijn. Elly Koot: 'In Barcelona liep een vent tegen een paal op omdat hij naar me keek. Dat gebeurt niet meer. Maar er wordt nog wel gefloten. Die aandacht op afstand vind ik leuk. Dat is een spel en dat speel ik graag mee.'

Leerzaam. Heel leerzaam.

I HAVE BEEN
TO HELL AND
BACK.

AND LET ME
TELL YOU,
IT WAS
WONDERFUL.

LB

11

Beminnen is een kunst

De lady is een lover

O mio babbino caro,
mi piace è bello, bello;
vo'andare in Porta Rossa
a comperar l'anello!
Sì, sì, ci voglio andare!
e se l'amassi indarno,
andrei sul Ponte Vecchio,
ma per buttarmi in Arno!
Mi struggo e mi tormento!
O Dio, vorrei morir!
Babbo, pietà, pietà!

(O mijn lieve papaatje,
Ik hou van hem, hij is mooi, zo mooi;
Ik wil naar Porta Rossa gaan
            om een ring te kopen!
Ja, ja, daar wil ik naartoe!
En mocht mijn liefde vergeefs zijn,
dan ging ik naar de Ponte Vecchio,
om me in de Arno te gooien!
Ik vreet mezelf op en ik kwel mijzelf!
O God, was ik maar dood!
Papa, genade, genade!)

Dat zingt Lauretta in *Gianni Schicchi*, de kleine Florentijnse opera van Puccini. Haar stem siddert van verliefdheid, daar zorgde Puccini wel voor, met een set lange, hoge noten.

Luister naar Lauretta's verlangen en probeer het maar eens droog te houden. Mij lukt dat niet, helemaal niet als Maria Callas het zingt. Al bij het eind van de tweede zin begint mijn mascara te druipen.

Ze houdt van hem, ze móét hem hebben.

En waarom? Niks hij is zo lief of zo leuk of zo betrouwbaar of zo belangrijk of zo rijk&beroemd. Dat is van later zorg. Lauretta is om te beginnen smoor omdat 'hij' zo mooi is.

Dat ontroert mij, want op die manier viel ik ooit op **Alain Delon**. Nee, niet op de echte, ik ontmoette een man en voor ik één woord met hem had gewisseld, dacht ik: wat is die mooi, hij is net Alain Delon.

Die gedachte was een signaal van mijn verliefdheid op het eerste gezicht. Ik móést hem hebben. Vanwege zijn uiterlijk. Ik vocht als een wilde. En ik kreeg 'm.

Is hij mooi?

Ik vind van wel, nog altijd.

Maar dat vindt een vriendin van mij ook van háár echtgenoot. En hoewel het met hem altijd lachen is, wat hem heel aantrekkelijk maakt, is hij ook kort van stuk. En zwaar van lijf. En in het algemeen verfomfaaid. Dus: mooi? Ik dacht het niet.

Maar zij ziet het anders. Ze zegt eerst dat hij eens aan de lijn moet en dan: 'Maar hij ziet er goed uit, hè.'

Vrouwen zijn in staat om een man oprecht prachtig te vinden, ook al is hij dat helemaal niet. Vrouwen storen zich niet aan clichés als: mooi, dat is blond, strak en jong. Of: spannend, dat is zwart, slank en gespierd. Theoretisch vindt een vrouw dat allemaal wel onweerstaanbaar, maar in haar dagelijks leven loopt het anders.

Die ene man is mooi. Dat moet wel, want zij is namelijk verliefd op hem. Liefde maakt vrouwen niet blind, liefde maakt fantasten van ze. Tedere fantasten. Stoïcijnse fantasten.

Vrouwen verbuigen de werkelijkheid. Dat maakt hun leven niet gemakkelijker. Wel mooier.

Puccini's aria 'O mio babbino caro...' onthult nog meer over vrouwen met tomeloze vlinders in hun buik. Ze willen 'een ring kopen' – zijn ze verliefd dan willen ze vastigheid. Want terwijl veel mannen lijden aan bindingsangst uitventen, zijn vrouwen tot het tegendeel geneigd: ze hebben een binding*wens*. Volgens het biologische verhaal zou dat komen doordat vrouwen sinds de oertijd vooral op zoek zijn naar een verwekker van hun kinderen, die vervolgens dienst doet als de beschermer van dat nest. En ja, dan moet je zo'n man aan je zien te binden.

Zoiets is er vast aan de hand. Maar er is sinds de oertijd het een en ander veranderd. Vrouwen hebben de smaak te pakken gekregen. Ze spelen spelletjes en een flirt wordt veel aangenamer met een scheutje verliefdheid. Ze zijn zo op verliefd zijn gesteld, dat ze er consequent aan doen, ook voor een kleine affaire.

Vrouwen vallen op iemand, daarom vrijen ze met hem. En als ze vrijen worden ze lichtelijk verliefd, want dat maakt het vrijen fijner. En wie verliefd is, wil zich binden, die heeft drang tot de lange termijn.

Daarom voelt ook de bescheiden verliefdheid als iets dat nooit meer over gaat. Dus terwijl mannen zich bedreigd en opgesloten voelen, doen vrouwen er een schepje bovenop. Kaarsen aan. Hand in hand zitten. Zoenen. Flikflooien. Kopkluiven. En de rest, zonder oog voor de realiteit dat het allemaal wel weer eens over zal gaan.

Als dat allemaal niet kan of mag of in dank wordt aanvaard, dan worden ze wanhopig, luister maar naar Puccini:

'Ik vreet mezelf op en ik kwel mijzelf!
O God, was ik maar dood!'

Niet dat ze echt een ongeluk zullen begaan. De wanhoop maakt deel uit van het zalig zwelgen in hun liefdesongeluk – ook dat gaat schuil in Puccini's aria.

Het is niet voor niets dat Puccini's lieve papaatje-lied **A Room with a View** inleidt, de film die even grappig als smachtend vertelt van een 'amour fou', een dolgedraaide liefde. Helena Bonham Carter, later in haar carrière goed voor een reeks fantastische heksen, speelt hier nog een dotje: Lucy Honeychurch. Van goede komaf, op en top welopgevoed en supervictoriaans. En dus smeult er opstandigheid in haar kopje.

We schrijven rond 1900. Rokken ruisen, boorden knellen, korsetten ook. Halsoverkop wordt Lucy Honeychurch verliefd. Hoe kan ze anders, ze is in Florence en het is lente. Onder het wakend oog van haar chaperonne maakt ze kennis met een onweerstaanbare landgenoot. De jongeman beantwoordt haar gevoelens, tot ontzetting van de chaperonne.

Eenmaal terug in Engeland stemt Lucy net zo halsoverkop in met het aanzoek van een ander, een maatschappelijk aantrekkelijke huwelijkskandidaat. Ze verlooft zich met hem. En we zien haar gretig haar best doen om haar hart te schenken aan deze hark. Die wil dat hart best hebben. Dat wil zeggen, hij is haar erkentelijk uit naam van zijn familie en van het fatsoen. Persoonlijk heeft hij geen idee wat hij ermee aan moet. Hij leest liever een boek.

Is Lucy verliefd op hem? Ze vindt zelf van wel. Want ze heeft zich verloofd en dús verzette ze haar amoureuze bakens. De passie die haar in Florence overviel, telt niet meer. Die heeft ze weggeborgen als een paar schoenen dat ze bij nader inzien toch zo leuk niet vindt.

Dat zit haar niet glad, maar Lucy zet door. Bijna wellustig holt ze de afgrond van een ongelukkig huwelijk tegemoet, blozend, sputterend, liegend – omdat ze verliefd wil zijn.

Dat houdt ze vol tot het verhaal zich ten goede keert. Ze komt tot inkeer. Ze dumpt haar verloofde en valt in de armen van haar eerste liefde. Een jongen die veel leuker is, ook al is hij niet rijk en telt hij in haar kringen niet mee.

Eind goed al goed, in prachtige beelden. Heerlijk voor ons, het publiek, want we willen dat Lucy gelukkig wordt.

Maar als we eerlijk zijn geloven we er geen klap van. Zou Lucy zich echt laten overhalen om af te wijken van de huwelijkse route die ze heeft gekozen?

Vergeet het maar. Ze heeft zich verloofd, ze spon een bijbehorende verliefdheid en in dat web zit ze stevig verstrikt.

Vrouwen kunnen aan een zelfverzonnen liefde vasthouden, ook als iedereen om wie ze geven zegt: doe nou niet, laat die man los. Hij is niet goed voor je. Je bent zo mager als een lat. Je lacht nooit meer. Ik raak je kwijt. Ze houden zich Oost-Indisch doof, ze zeggen ja, ze doen nee.

Shakespeare's **Ophelia** is er zo een. Haar Hamlet maakt haar belachelijk. Hij vernedert haar, misbruikt haar voor een machtsspel en Ophelia heeft niets door.

'Hij gaf mij blijken van zijn vuur'ge liefde, En in alle eer en deugd...' verdedigt ze zich en ze maakt er een punt van om alles wat Hamlet haar aandoet aan te grijpen als bewijs van zijn passie. Ze wíl hem niet afvallen want ze is verliefd.

Haar vader Polonius heeft Hamlet door, met die zogenaamde liefdesverklaringen van hem: 'Ja, sprenkels voor de snippen!' oordeelt hij.

En ook de koning, Hamlets stiefvader annex oom, waarschuwt haar: 'Wat! Liefde? Neen, dat is 't niet wat hem drijft...'

... maar Ophelia wil van geen wijken weten.

Liever dan Hamlet verraden, liever dan erkennen dat ze haar gevoel vergooid heeft, vlucht ze in waanzin en verdrinkt zichzelf.

Die suïcide gaat ver, maar Ophelia's volharding is niet uitzonderlijk.

Ik ken een vrouw, ze is aantrekkelijk, interessant, met een drukke baan en voor geen kleintje vervaard. Maar toen ze een geliefde kreeg met vogels als hobby, volgde ze hem wanneer hij maar wilde in alle vroegte met een verrekijker naar bos en duin. Slaapgebrek, boze gezichten op haar werk, het deerde haar niet. Hij verliet haar. Zij werd verliefd op iemand met een zwaar caféleven. Nu zat ze elke nacht in de kroeg. Liever was ze samen met hem, en dan maar aan de drank, dan zonder hem. Ze leed. Ze raakte geïsoleerd. Pas toen ze zwaar ziek werd en hij haar aan haar lot overliet kwam ze van hem los. En nog verdedigde ze hem.

★ **Timi Yuro** bezingt hoe ver dat gaat, in de song 'Hurt':

... But even though you hurt me
like no one else could do
I would never, never hurt you.

Niks aan te doen. Deze vrouwen willen deze mannen. En als daar een akelig leven bij hoort, dan is dat maar zo.

Welbewust balanceren ze op de rand van de afgrond. Ontsnappen komt niet bij ze op, dat willen ze niet eens. En niemand die ze kan helpen, want dat laten ze niet toe.

Vrouwen zijn in staat zich te laten gijzelen in ruil voor liefde. Met geweld, of met de totale saaiheid. Met bewuste kinderloosheid of met drugsmisbruik, of met andere ellende. Maar ze hebben het ervoor over. Want:

I have been
to hell and
back.
And let me
tell you,
it was wonderful

★ Dat borduurde de kunstenaar **Louise Bourgeois** met steekjes van roze zij op een witbatisten dameszakdoek.

In duizenden keurige roze borduursteekjes – een martelende klus. Zó verslavend kan de liefde zijn.

De zakdoek verwijst naar de tranen. En de tekst spreekt voor zich: de hel kan de hel zijn, maar... hoe zal ik het zeggen... die hel... die had ik niet willen missen.

Wordt haar verliefdheid in dank aanvaard, dan stort een vrouw haar hele hebben en houden erin. En ze leefden nog lang en gelukkig – dat concept neemt ze bloedserieus.

Maar o wee als haar liefde in tweede of derde instantie weer wordt afgewezen.

Verfrommelde liefde kan ze hebben. Ze strijkt de kreuken glad en doet of er niks aan de hand is. Maar krijgt ze haar verliefdheid terug zonder recht van retour, wil haar geliefde haar gevoel niet meer hebben, dan antwoordt ze met verdriet.

Dat verdriet maakt haar eerst klein. In een hoekje likt ze haar wonden. En dan gebeurt het. Ze herrijst, liefst vóór ze hersteld is. Bont en blauw is ze, zo niet lichamelijk dan toch geestelijk, en dat moet iedereen zien.

In haar boek *Must you go?* beschrijft **Antonia Fraser** haar verhouding met de toneelschrijver Harold Pinter. (Hij schreef *Betrayal*. Dat stuk ging over huwelijksverraad, maar het was geïnspireerd door een van zijn eerdere affaires.)

'Must you go?' vraagt Pinter als Antonia, na afloop van een groot diner, nog even voor de beleefdheid goeiendag komt zeggen. Antonia, 42, getrouwd en moeder van een stel puberkinderen, antwoordt: *'No, it's not absolutely essential.'*

Vervolgens gaat ze nooit meer weg. Tot aan zijn dood, drieëndertig jaar later, blijft ze bij Pinter.

Haar echtgenoot is onaangenaam getroffen, beschrijft ze in haar boek. Teleurgesteld. Verdrietig. Kwaad. Maar na enige tijd legt hij zich neer bij de gevoelens van zijn vrouw. In plaats van een afgewezen geliefde wordt hij een vriend.

Ook Harold Pinter is getrouwd, met de actrice Vivien Merchant. En die pikt het allemaal niet. Ze pikt het nooit. Ze blijft lasteren tot ze er bij neervalt. Letterlijk. Pas als ze is gestorven, houdt het op.

Antonia Fraser beschrijft dat niet als iets vreemds. Ze heeft er last van, heel veel last, zeker als Vivien de roddelpers van materiaal voorziet. Ze heeft er de pest in. Maar ze begrijpt het best.

De duivel van het huwelijksbedrog moet worden uitgedreven en veel vrouwen doen dat door in hun verdriet weg te zinken tot ze erbij neervallen. Dat doet pijn, het is verschrikkelijk. Maar het helpt.

★ De Franse kunstenares **Sophie Calle** deed het met haar project *Douleur Exquise.*

Uitgelezen Leed, het is de perfecte titel.

De aanleiding voor *Douleur Exquise* was dat Calles minnaar niet kwam opdagen in het hotel in New Delhi waar ze elkaar zouden treffen na een scheiding van drie maanden.

Na een ontwijkend excuustelefoontje wordt haar duidelijk dat hij een ander heeft. Ze is volslagen van de kaart maar ze reageert ook, als fotograaf.

Ze maakt een foto van het lege hotelbed, met de rode telefoon erop die dus niet rinkelt. Vervolgens beschrijft ze, elke dag opnieuw, bij die foto wat haar is overkomen. Aanvankelijk zijn dat flinke teksten. Maar zo rond de 48ste dag worden ze korter.

Op dag 99 heeft ze niks meer bij de foto op te merken. De woorden zijn op. Het leed is geleden.

Calle smeedde haar pijn om in een exquise ervaring. Een soort sm, zoete pijn die net even te ver gaat.

Op naar een volgende liefde. Op naar een volgende breuk. Op naar een volgend kunstwerk, zoals *Prenez soin de vous*, waarvoor ze 107 vrouwen liet reageren op het mailtje waarmee een volgende geliefde haar aan de dijk zette.

Voor Sophie Calle is dat geen probleem. Ze is vrij, ze kan beminnen wie ze wil.

Maar wat nu als een gebonden vrouw valt voor een ander? Ze probeert hem eerst uit haar hoofd te zetten, want vrouwen hechten aan hun huwelijk of relatie.

En als dat niet lukt? Dan neemt ze krankzinnige risico's, zoals alleen de verliefde getrouwde vrouw dat kan. Ze blijkt fantastisch te kunnen liegen en briljant een dubbelleven te kunnen leiden.

Er is een roman die de vrouwelijke verliefdheid samenvat. Inclusief het belang van een mannenuiterlijk. Plus het snakken naar lust. Plus het niet willen kiezen tussen man en minnaar. Plus het verlangen om afhankelijk te doen (niet om het te zijn, het is een spel).

Die roman is **Lady Chatterley's Lover**. D.H. Lawrence schreef hem. De Franse cineaste Pascale Ferran verfilmde hem, en ze verbeterde hem. Ze wijdde haar film aan Lady Constance Chatterley, niet aan haar lover, en ook niet aan haar echtgenoot. Háár verhaal wordt verteld. Haar kant van de zaak, met de details die háár betreffen in huis, park, keuken, bed.

We zien haar scharrelen op het enorme landgoed waar ze ingetrouwd is. Jong en breekbaar. Geen gelukkig tiepje, maar ach, zo zijn er wel meer.

De omslag komt met een kwartelkuiken. Constance Chatterley wil het kuikendons aaien. Door de manier waarop je haar ziet schutteren, voel je dat dit geen doorsnee vertedering is. Deze vrouw snákt ernaar om dit jonge leven aan te raken. Maar de vogeltjes schieten alle kanten op, ze laten zich niet vangen.

Parkin, jachtopziener van het landgoed van haar echtgenoot, de lord, komt te hulp. Natuurlijk doet hij dat, zo hoort dat. Lady's wens is zijn bevel.

Kalm zet hij een kwarteltje in haar handpalm. Ze streelt het, ze slaakt vertederde kreetjes. Ze zet het terug in de ren.

En dan wendt ze haar gezicht af.

Ze huilt.

Als haar ondergeschikte zich aan de etiquette zou houden, zou hij haar tranen negeren. Maar dat doet hij nou net niet. Want Parkin heeft 'een zacht hart'. Dat zei zijn moeder tegen hem toen hij nog een jongen was, en dat bedoelde ze niet als compliment. Ze vond het een handicap.

Instinctief doet hij iets ongehoords, iets wat hem zijn baan zou kunnen kosten. Hij raakt de lady aan. Hij legt een troostende hand op haar schouder, op haar rug.

Om haar linkerborst.

Die hand is niet agressief. Het is een aanraking zoals aanraken bedoeld was toen het werd uitgevonden. Hij pakt haar borst, voorzichtig, zoals hij het kuiken ving.

D.H. Lawrence schreef de kuikenscène voor zijn roman *Lady Chatterley's Lover* ter inleiding op de aantrekkingskracht van een ongecultiveerde man. Hij leidt er de sensualiteit van een vrouw van stand mee in, en spijkert hun standsverschil vast.

Pascale Ferran legt in haar film deze accenten ook. Scandaleus zijn ze niet, ze geeft ze als argumenten voor een vrouw die op avontuur gaat.

Dus we treffen geen spoor van een geile beer van een jachtopziener in het boek aan. En ook niet van een oversekste adellijke dame. Dit zijn aantrekkelijke mensen, voor elkaar en met elkaar. En ze zijn aan elkaar gewaagd.

Ferran volgt Lawrence' verhaallijnen. Wie de roman paraat heeft, herkent ze: de kuikens, hun naakte lichamen in de regen, de specifieke vrijpartijen, enzovoort. En met diezelfde elementen vertelt ze een radicaal ander verhaal.

In de film ligt Constance Chatterley's leven nadrukkelijk aan scherven. Haar op het slagveld gehandicapt geraakte echtgenoot is razend op de wereld. Ze probeert hem bij te staan door hem van dienst te zijn als zijn verpleegster, als zijn huishoudster en als zijn gezelschapsdame. Wat hij maar zou willen.

Tevergeefs.

Haar man beschouwt hun huwelijk als een plicht die hij door zijn impotentie niet kan vervullen. Hij schaamt zich diep. Haar medelijden vernedert hem, haar genegenheid is een belediging. Juist van haar moet hij niets hebben.

Constance Chatterly had dit alles kunnen doorstaan, als ze de spiegel had vermeden. Ze bekijkt haar eigen naakte lichaam en beseft onthutst dat ze een vrouw is die nooit aangeraakt wordt. Ze mist intimiteit. Ze mist koestering. Ze mist het opgemerkt te worden door iemand die háár wil opmerken en niemand anders. Ze mist de erotiek.

De kwarteltjes zijn niet langer in beeld, maar hun zachte nervositeit kleurt de sfeer. We zien de eerste omhelzing van Lady Constance Chatterley en jachtopziener Parkin die, zoals de meeste eerste omhelzingen, vooral dienstdoet om verlegenheid te maskeren. In elkaars armen hoef je elkaar niet aan te kijken.

De film concentreert zich op het gezicht van Constance, onder de schouder van Parkin. Ze luistert naar zijn gekreun. Van schuldgevoel of schaamte zien we niets. Niemand verleidde hier iemand. Dit gebeurde – mocht Constance het later moeten vertellen, dan zou ze dat woord gebruiken.

In deze film is seks een geheim voor twee. Het heeft niets te maken met jagen en gejaagd worden. Liefde niet met verovering. Hartstocht niet met eigendunk.

De acteur die Parkin speelt, is geen doorsnee schoonheid. Hij is wat volwassen vrouwen mooi vinden, iets wat mannen moeilijk zullen kunnen geloven. De meeste filmsterren belichamen een mannelijk ideaalbeeld. Ze zijn zoals mannen zelf zouden willen zijn.

Deze man is anders. Hij reddert met een kopje thee, hij slaat een dor blad van Constances rug, en dat is net zo aantrekkelijk als zijn gewicht op haar of zijn bescheiden erectie onder zijn stevige lijf.

Constance interpreteert haar verhouding met Parkin als een verandering van seizoen. De natuur is sensueel, en wat dat inhoudt begrijpt ze sinds ze Parkin bespiedde toen hij zich stond te wassen. Ze zag een zware rug. Vetrollen op heupen. Een hand die een nek wreef.

Seks en liefde zijn net zomin bijzonder als de natuur dat is. Ze zijn wel uitzonderlijk, maar pas als je ervan weet te genieten – net als die natuur, dus. Ze doen denken aan de wilde narcisjes die er in de lente ineens zijn, van de ene op de andere dag. Je kunt de narcisjes negeren of je kunt ze plukken. Lady Chatterley bukt en ze plukt ze.

Want ze is een verliefde vrouw en dan is er geen houden meer aan.

12

Mijn tante

Ze ging dood, zei ze. Nee, je zag nog niks aan haar, maar geloof het nou maar, er woekerde iets fataals en ze ging dood. 'Ik heb er nog geen zin in, en ik kan het me niet voorstellen. Maar het is waar.' Ze keek me aan. Pretlichtjes in haar ogen. Ook nu. Zelfs nu.

Tante Levien. Mijn lievelingstante. In de tachtig en ik wilde haar niet missen. Ging die dood, dan zou ze dus weg zijn. Ontvoerd. Onvindbaar verdwaald. En of dat nog niet erg genoeg was, ze zou mijn mooiste jeugdherinneringen meenemen. De logeerpartijen in haar kleine flat in Rotterdam. Daar las ze me eens een week lang elke avond *De Kleine Zeemeermin* voor. Omdat ik dat zo mooi vond en omdat ze wist dat mijn moeder, haar zuster, dat sprookje te griezelig voor me vond en het sowieso oversloeg.

Daar maakte ze in drie dagen een jurk voor me, naar een patroon en van een stof die ik zelf had uitgezocht.

Daar zei ze elke dag: 'En? Wat wil je vandaag doen?' Ik zei elke dag: 'Naar de Bijenkorf.' En dat deden we dan. Elke dag.

Ze leerde me de voordelen van ijdelheid, van het zelfvertrouwen dat mooie kleren je schenken, als je ze met gepaste aandacht draagt. Winst maken in de uitverkoop en van die winst meteen nog iets aanschaffen – ook haar concept.

Ze liep over straat, ze werd gegroet.

'Ken ik u?' vroeg ze verbaasd.

'Nee,' zei de groetende mevrouw. 'Maar u ziet er zo vrolijk uit.'

Tante Levien trouwde, we bleven dol op elkaar.

Haar baby in mijn armen.

Mijn baby in haar armen.

En opnieuw logeerpartijen, nu in haar kleine huis op Schouwen-Duiveland. We wandelden door de duinen, achter het wagentje met mijn peuter erin. We praatten. Over alles. Seks, drank, rock-'n-roll – want daar had ze verstand van, ook al was ze een dame geworden met een dure bril, parelmoer-roze lipstick, en zo'n lekker lichtbekakt accent. Ze zat vol waanzinnige verhalen over haar carrière als verpleegster. Geen mens ontkwam aan haar observaties, soms mild, maar als het nodig was niet mals. Ze doorzag wie in de verdrukking zat en ze kwam in actie. Niet subtiel. Ben je mal. Béng! Ingrijpen!

En zij ging dood, uitgerekend zij?

Ik zat naast haar op de bank, en huilde. Ik kwam tot bedaren. Ze zei: 'Kind, je moet even in de spiegel kijken en iets aan je gezicht doen, hoor.'

Ik poetste de mascarasporen weg, ging weer zitten. Ze zei: 'Ik doe gewoon net of ik niet in paniek ben. De euthanasie is geregeld. Als ik het wil, doen ze het.'

'Maar dat is nu toch nog niet nodig?'

'Nee. Nu kan ik me nog gewoon onder de tram gooien.'

Maandenlang leek het of het allemaal een vergissing was.

Toen lag ze in het ziekenhuis. Ze zag wit als een kaars, een hand optillen kostte al moeite.

Tegen alle verpleegsters zei ze: 'Denk erom, géén reanimatie.' En, achter hun rug, tegen mij: 'Want ik word geen kwijlende plant.'

Nu is mijn tante Levien gestorven. Alles is voorbij, want zij is weg. Rouw doet pijn.

Het idee dat nooit meer de telefoon zal gaan: 'Hâh-lóóh! Met je tantetje!'

Shit.

13

Het manifest 'Madonna'

Over keet schoppen

Ik zet niet snel een cd op.

Cd's maken me miesj. Dat komt doordat ik zo slecht kan luisteren. Al snel dwalen mijn gedachten af en binnen acht minuten is die muziek, ook als ik 'm prachtig vind, achtergrondgeluid geworden. Intussen zit ik te bedenken hoe ik mijn huis anders kan inrichten, of dat ik nu toch echt eens...

Nee. Wil ik luisteren, dan moeten er plaatjes bij.

Dus een dvd, graag, een film.

Zat net te kijk-luisteren naar de dvd van **Amy Winehouse**. *Live in London*. Big hair, big songs. Little big girl, big black men. Die mond. Tastende stem. Wat een zinnen. Howl, snik. ('Luv' you!' – roept ze geluidloos de zaal in.) Verbijsterend schuchtere heupen. ★

Ja, je wilt haar horen, maar je moet haar toch ook zien? Als je alleen naar haar luistert, amputeer je haar.

Madonna. Ik zal niet snel een cd van Madonna opzetten. ★

Maar die dvd, ***In Bed with Madonna***? Altijd! ★

Muziek van Madonna is leuk. Energiek, altijd enthousiast gezongen, met die gekke kekke Minnie Mouse-stem van d'r. Heel soms blijven zinnetjes hangen, de complete songs ontsnappen me.

Niet dat de liedjes met de beste zinnetjes me het meeste doen.

Neem **'Material girl'**. ★

Some boys kiss me, some boys hug me,
I think they're o.k.

Stom liedje.

If they don't give me proper credit,
I just walk away.

Vlakke muziek.

Vond ik. Tot ik de videoclip zag die erbij hoorde. Roze jurk, roze trap, roze strik op haar roze kont. Liep ze te rellen met een troep mannen in jacquet die ze glimmaria onfutselde, alsof ze een ekster was.

Wat ik zag was een variatie op het filmpje bij de song **'Diamonds Are a Girl's Best Friend'** en dus een reverence, naar Marilyn Monroe die dat zong en speelde. Want zij en alleen zij (natuurlijk! dat ik dat niet meteen doorhad!) was de inspiratie voor 'Material Girl'.

(Even terzijde, maar het moet:
But stiff back or stiff knees,
you stand straight at Tiffany's:
Diamonds! Diamonds!
I don't mean rhinestones!
But diamonds!
are a girl's best friend.
Niet vlak, niet stom. Onvergetelijk. Geschreven door Jule Styne, met muziek van Leo Robin, gezongen door Monroe. Ere wie ere toekomt.)

Madonna's filmclip lijkt een kopie. Kostuums, danspassen, decor, de kudde mannen uit Monroe's Diamonds, alles vind je terug. En toch net niet.

Monroe gaf gestalte aan een lellebel die voor dame wil doorgaan. Madonna draait het om. Madonna is een dame die de lellebel uithangt. Zo is het dubbel sexy. En dubbel grappig.

Gein en kracht – dat zijn vanaf het begin de steekwoorden van Het Manifest Madonna.

Madonna haalt het overal vandaan. Haar werk zit vol verkleedpartijen en rollenspellen. Ze parodieerde de katholieke kerk (de beruchte kruisigingsscène in haar Confessions Tour). Ze pikte het decor van **Metropolis** van Fritz Lang (draaiende raderen, gebogen arbeiders). Ze aapte musicalchoreograaf Bob Fosse na – zelfde bolhoedjes, zelfde caféstoelen, zelfde achterovergeklapte lijf als Liza Minelli in **Cabaret**. Ik noem maar wat, er is veel en veel meer. Cowboyhoeden, bijvoorbeeld.

Ze heeft het van **David Bowie**, hoorde ik iemand zeggen, ze kiest telkens een andere rol en daaruit creëert ze een personage. Deels is dat zo. Maar er is een belangrijk verschil. Of David Bowie nu met een bliksemschicht over zijn gezicht liep of de Thin White Duke neerzette, hij deed dat bloedserieus. Geen grapjes, geen dubbele bodems.

Zo niet Madonna. Wie of wat ze ook verbeeldt, ze weet wat ze doet en hoe, en dat laat ze merken ook.

Het lijkt zelfs of het haar daarom gaat: dat zíj weet wat zíj doet. Ze pakt het grondig aan, geen sm-koordje zit scheef en ze is altijd glamourous. Maar toch straalt ze uit: hoe vinden julie me zo? Maf hè? Lachen toch? En wie haar dwarszit kan de pot op, of dat nou een zure criticus is of een zedelijk verontruste stadsbestuurder.

'Ik ben niet de beste zanger of de beste danser,' hoorde ik haar zeggen in een televisie-interview.

Ze is ook al niet de beste actrice.

Evita Peron spelen in de musicalverfilming *Evita*, dat lukte haar hooguit een beetje. Ze leek geknipt voor de rol van de derderangsactrice die een volksheilige werd en toch ook de vrouw was van een dictator en die zeker wist dat ze voor iets groters geboren was. 'Don't Cry For Me Argentina', dat werk.

Madonna's spel was ongemakkelijk, alsof ze achter in haar jurk een kleerhanger had. Nooit heb ik iemand zo constant en zo onhandig nobele ogen zien opzetten. Ze is niet geschikt om een rol in te vullen die een ander voor haar verzint. Maar laat haar haar eigen gang gaan en alles komt goed.

Zoals in **Desperately Seeking Susan**, lang geleden, in 1985. Daarin speelde ze een type zoals ze er zelf een was. Of nee, ze speelde het type waarmee ze naar buiten wilde treden. Wars van welke conventie dan ook. Ongegeneerd. Ongrijpbaar. Gestileerd als een stripfiguurtje. Zij was degene naar wie desperately werd gezocht, punt uit.

En dat is nooit meer veranderd.

Acterend benadert Madonna haar doel het dichtst: de burger van schrik of shock rechtop laten zitten. Ze wil hem op een haar na wegpesten. Hem zich laten vergapen en hem dan aanspreken op zijn voyeurisme. (Pas op: 'hem' is ook 'haar'; misschien zelfs juist 'haar'.)

Ze dwingt haar publiek tot oneerbaar kijken, en ontsnappen is niet mogelijk.

Op die manier zet Madonna de mensen ertoe aan om conclusies te trekken. Dezer dagen straalt ze uit: hoor eens, als je de vijftig voorbij bent en vrouw, dan zit je op de toppen van je macht. Je bent vrijgevochten, je bent wijs. Tel uit je winst: je bent je eigen baas. Doe Er Iets Mee.

Dat is knap en dat bereikt ze niet met haar liedjes. Dat doet ze met haar theatrale vertoon, met inbegrip van de vergaande plastisch chrirurgische aanpassing van haar uiterlijk, zodat ze nauwelijks meer op zichzelf lijkt.

★ Met dat theatrale staat ze in de traditie van **Bette Midler** in de jaren tachtig van de vorige eeuw. En, via haar, van de legendarische Sophie Tucker in de jaren dertig.

★ **Sophie Tucker** zag eruit als een matrone maar dat was voor haar geen reden om geen fantastische japonnen en krankzinnige mantelpakken te dragen.

You can't deep freeze a red hot mama,
'cos you can't get her temperature down.

Zelfverzekerd bezong ze haar twijfels, haar nostalgie, haar woede, haar eigen onweerstaanbaarheid, met een stem als een klok die beierde van de hitsigheid.

No one but the right man can do me wrong.

En ze tapte moppen. Schuine moppen over haarzelf en haar minnaar 'Ernie'. Decennia later leende Bette Midler die moppen van haar en vertelde ze door in haar shows.

Midler zingt als een rockzangeres, haar shows zijn cabaretesk. Ze daagt uit, met haar lichaam, met haar spetterende kleding, met haar taalgebruik, en met haar onderwerp: liefde, onzekerheid, verlangen naar liefde, ja tuurlijk, maar steeds ook naar seks en die is weer aanleiding voor de eeuwige strijd tussen de seksen.

Terug naar Madonna. Haar onderwerp? Net als bij Midler en Tucker is dat seks. Ze definieert het als de voornaamste kracht die mensen drijft. Ze propageert het als het beste amusement. Ook Madonna vertaalt seks naar de strijd met de andere sekse.

Zij wint.

Wat ze wil bereiken? Controle. Ontzag. Macht. En verder graag een potje keten, met een portie vulgariteit om de gemoederen wat op te schudden.

Net als Midler is Madonna een verbeelder, vandaar dat je nog niet het halve verhaal krijgt als je alleen luistert. 'Like a Virgin' is een zoetelijk liedje. Op het podium van haar Blond Ambition Tour ontmaskerde Madonna het als een masturbatiefantasie.

Zonder de voetsporen van Tucker en Midler zou Madonna ergens anders uitgekomen zijn, maar dat neemt niet weg dat die sporen niet precies haar maat waren. Sophie en Bette zijn van joodse origine. Hun melancholie is Oost-Europees, hun emotie defensiefvulgair. Hun humor is trotzdem.

Bij Madonna is de melancholie ver te zoeken. Haar signatuur is gekoppeld aan haar Italiaanse afkomst.

Kijk maar eens goed naar haar concerten; zorg dat je haar exhibitionistische fotoboek *sex* in handen krijgt (steel het desnoods). ★

En onderscheid haar barok, haar pathos, haar flirt met sentiment. Zie de overdrijving. Ontdek de opera. Niet de opera in de Arena van Verona of de Scala van Milaan, maar die op de bouwsteigers in Napels.

Madonna is opera.

Groot van gedachte zijn haar shows. Met een vaag verhaal (ooit geprobeerd om een operaverhaal echt te snappen?) dat maximaal aanleiding geeft tot bezwerende sketches en uitgehouwen emoties. Je trapt ertegen en je stoot je voet.

Au!

Dat voel je, en daar gaat het om.

Hart van die opera is het personage dat Madonna voor zichzelf creëerde. Het verandert regelmatig van jasje en van kapsel, maar uiteindelijk blijft het constant. Het publiek verslijt het voor 'echt', dat denkt dat het Madonna persoonlijk ziet. En dat is precies de bedoeling, zoals het de bedoeling is van elke acteur. Die ís Hamlet, of Kniertje, of Lisbeth Salander, althans voor zolang de voorstelling of de film duurt.

Madonna zet de voorstelling door, ook buiten het podium, en filmt haar methode.

Film suggereert werkelijkheid. Het lijkt erop. Maar film is de werkelijkheid niet, film maakt alleen handig gebruik van de aura van realiteit. Daar speelt Madonna op in. Zo zet ze de werkelijkheid naar haar hand.

Wie wil weten hoe dat werkt, kijkt naar de film *In Bed with Madonna*. Ik kijk mee, naar die documentaire die werd gemaakt in en om haar Blond Ambition Tour. Ik laat me weer meeslepen door Madonna en haar entourage van dansers, zangers, persoonlijk assistenten voor huid, haar en geest, door haar technici en door nog zo wat volk.

Ze runt een bedrijf en alles moet gesmeerd verlopen. Ze doet moederlijk als het uitkomt, verder geen flauwekul. Is er iemand uit de disco meegenomen en aangerand terwijl ze bewusteloos was van de dope? Jammer voor haar, maar we moeten verder. Wordt er een heteroseksuele danser gepest door zijn homocollega's? Dan krijgt híj op zijn kop (de anderen ook, maar meer voor de vorm).

Ik geniet opnieuw van Madonna's gespierde dansroutines; van de punttietkostuums van **Jean-Paul Gaultier**, van de anti-erotiek van haar losse jarretelles. Van het melodrama in de song 'Papa Don't Preach'.

Behalve met haar personeel, maken we in de film kennis met twee van Madonna's broers (de ene wordt neergezet als een doorgetripte idioot, de andere als een poseur). Met een jeugdvriendin (van wie ze niets moet hebben). En met haar vader. Die vader geeft er blijk van dat hij het moeilijk heeft met deze dochter die spot met de goede zeden.

Het lijkt allemaal reuze reëel, eens te meer doordat de film, tegenover de verzadigde kleuren van de concertregistraties, de gebeurtenissen achter de schermen in zwart-wit laat zien.

Zwart-wit is journaal, documentair, zwart-wit is de realiteit.

Maar niet alles in zwart-wit is hier werkelijkheid.

Madonna speelt Madonna en ze speelt haar perfect.

Ze ontbijt, ze telefoneert, ze zit achter de Spaanse acteur **Antonio Banderas** aan.

Allemaal waar. Maar wat wordt er eigenlijk weggelaten?

Haar conditie is klaarblijkelijk optimaal, maar wanneer traint ze dan? En hoe? Het moet uren van haar dag in beslag nemen, maar we krijgen het niet te zien. Ik zie herhaaldelijk die prachtige borsten en niet te vergeten die vorstelijke rug. Maar haar voeten? Hoe zien haar voeten eruit? Wat voor tenen heeft ze? Komen niet in beeld.

Heeft ze het wel eens echt moeilijk? Dat moet toch wel? We krijgen het niet te zien.

We krijgen heel veel niet te zien.

Deze film mag door een ander geregisseerd zijn, het is een film van Madonna zelf.

Ik vind dat best. Wat kan het mij schelen hoe ze 'echt' is? Niets menselijks zal haar vreemd zijn, net zomin als mij. Misschien is het een kreng, misschien niet. Maakt mij niet uit. Ik hoef niet bij haar op de thee.

Er kwam een boek uit van Chris, een van die broers van Madonna. Ga ik niet lezen. Hoed je voor geschriften van verwanten.

Het laatste wat ik op dat gebied las (daarna dacht ik: nu nooit meer doen) was het boek *Mommie Dearest*. Daarin onthulde stiefdochter Cristina hoe wreed haar stiefmoeder **Joan Crawford** was voor haar vier geadopteerde kinderen, van wie Cristina de oudste was. Vernederen. Slaan. Heel zielig. Zal allemaal waar zijn, maar dat is dan een zaak voor de politie en de psychiater.

Ik keek maar weer eens naar de film *Mildred Pierce* en naar *Johnny Guitar*. En ik dacht, terwijl ik Joan Crawfords zware wenkbrauwen bestudeerde: wat een dijk van een actrice.

Familieleden van sterren zijn meestal rancuneus. 't Is ook sneu – iemand uit je directe nabijheid die iets bereikte wat jij niet klaarspeelde. Dan denk je al snel, had dat niet andersom gekund? Waarom ik niet? Zo'n familielid vliegt soms mee de hoogte in, en omdat hij de nodige kwaliteiten mist (geen *Ausdauer*, geen ruggengraat, geen talent) schroeit hij zijn vleugels. Dat moet gewroken worden. Bijvoorbeeld met een boek dat 'alles' vertelt.

In het hart van *In Bed with Madonna* speelt Madonna met haar jonkies een waarheidsspel. 'Truth or dare?' vragen de spelers elkaar, beloof je een vraag naar waarheid te beantwoorden, of kies je voor een opdracht?

Het spelletje is goed voor hilarische taferelen. Het geeft Madonna de gelegenheid om te schitteren als de koningin van de ruige grap.

Ik pas de uitdaging 'truth or dare?' toe op deze film.

Ik kijk, dus ik ben de uitdager.

Truth or dare, Madonna?

Truth én dare, grijnst ze.

In de film vertelt ze een waarheid. En ze toont gewaagde dingen.

Maar ze zit zelf aan de knoppen. Zij bepaalt wat waarheid is, zij controleert de overmoed.

Truth! De waarheid verstopt ze in de werkelijkheid van haar concerttour, zoals je een blaadje verstopt in het bos. De waarheid is er wel, maar hij is onzichtbaar tussen al die andere waarheden.

Dare! Ze durft. Ze herschept zichzelf. Ze verdwijnt in de figuur die ze uitdraagt. Ja, ze durft.

14

Het slagveld

Families hebben zo hun rituelen

Ze zitten samen in de winterse tuin op een withouten schommelbank, de mooie moeder en Henri, haar smoezelige volwassen zoon. Uiterlijk lijken ze niet op elkaar, maar hij erfde wel haar vanzelfsprekende charisma. Het is avond, het is koud. De bank wiegt ze, hun adem maakt wolkjes. Het ziet er intiem uit, iets voor verwijten en dan een verzoening.

Maar nee.

De moeder neemt een trekje van haar sigaret, ze overpeinst haar moederschap. Ze zegt: 'Ik heb geen herinneringen aan jou.'

De zoon antwoordt met eenzelfde staaltje geestelijke wreedheid.

Zo gaat dat door, over en weer. Niet lang. Er valt geen onvertogen woord, geen schreeuw of traan.

Het is oorlog, zegt de een tot slot.

Ja, en ik heb gewonnen, zegt de ander.

Nog niet, meent de een.

Ze gaan naar binnen.

Deze scène is eng. Niet omdat hier een moeder en een zoon elkaar eindelijk de waarheid hebben gezegd. Integendeel. De gruwel is juist dat dit gesprek duidelijk niets nieuws is. Het tweetal kan elkaar niet luchten en dat zullen ze koste wat 't kost laten blijken. Daarbij beseffen ze dat ze elkaar toch ook bewonderen, en dat idee haten ze. Daarom blijven ze elkaar bestrijden. Tot de dood hen scheidt. Geen seconde eerder.

De scène op de schommelbank steekt in het hart van ***Un conte***

★

de Noël, 'Een kerstverhaal', van Arnaud Desplechin. Het is een familiefilm van het zuiverste water.

Familiefilms zijn breed geschilderde tableaus. Ze kunnen een familiegeschiedenis door de decennia heen vertellen. Of ze concentreren zich op de uitkomst van een familie: dan wordt verhaald hoe bejaarde ouders een paar dagen doorbrengen met hun uitgevlogen kinderen. Er is meestal sprake van een speciale gelegenheid. Een jubileum. Of Kerstmis. Ja, bij voorkeur Kerstmis, want dan ís het gezellig.

Je ziet het in **Fanny och Alexander** van Ingmar Bergman net zo goed als in **Familie** van Maria Goos: is het kerst, dan is er geen ontsnappen aan de gezinsrituelen. In *Familie* slaat met de kerst direct het uur van de waarheid. Men maakt elkaar af. Dat pakt Bergman subtieler aan, met een adembenemend effect.

In zijn *Fanny och Alexander* suggereert de kerstavond puur gezinsgeluk, vol meeslepende chaos. Er wordt gegeten en gekletst en gekust. En tot slot van het feest maakt die enorme familie, met alle ooms en tantes en kinderen en andere aanhangende familieleden, ook de ouwetjes, een rondedans door het enorme familiehuis dat gloeit van warm geel licht.

Pats. De klem slaat dicht. Al dat geluk is Bergmans valstrik. Ontspannen en rozig en nergens op verdacht beland je met twee kinderen in de ijsgrijze omgeving van hun nieuwe huis: mamma is met iemand anders getrouwd. Mamma is verliefd en onder de indruk van die man wiens oogopslag je al kippenvel bezorgt. Ze juicht het toe als die man de opvoeding ter hand neemt. Ter harde hand. Mamma heeft niets door. Brrr.

Is er herrie? Het mocht wat.

Kerst is het feest van de lieve vrede.

Kerst is het feest van de tijdbom.

Kerst of geen kerst, in familiefilms verzamelen de leden van een gezin zich. De oude ouders. Hun kinderen die geen kind meer zijn.

De aangetrouwde 'koude kant'. De kleinkinderen die ontregelend rondvlinderen en garant staan voor ongemakkelijke vragen.

Elke plaats is goed, een hotel, een zomerverblijf, maar vaak wordt er gelogeerd in het ouderlijk huis. Want daar wordt automatisch teruggevallen op tradities en gezinsgewoontes. Juist in een film laten die zich terloops aanduiden, zonder woorden, als subtekst. Vader heeft zijn eigen stoel, daar gaat nog altijd niemand in zitten. Vroeger was samen gewoon, nu is het ongemakkelijk. Maar je kunt je er niet aan onttrekken.

Het gezamenlijke ontbijt. Samen aan de vaat. Samen de kerstboom versieren, samen zilver poetsen – allemaal bekend terrein, geschikt voor gesprekken vol gezinsesperanto, met vertrouwde grapjes en ingesleten pesterijtjes.

De kerstfilm geeft gezicht aan de oude vertrouwelijkheid. Die is allang bedorven door ruzies. Maar door jarenlange training gaat doen alsof gemakkelijk.

Intussen doemen de oorspronkelijke verhoudingen op. De volwassen zoons en dochters nemen, voor de verbaasde ogen van hun eigen kinderen, hun kinderrollen in. Ook de ouders hernemen hun posities. Maar de oude rollen passen niet meer. Ze zitten strak, ze scheuren bij de naden.

De familie betreedt het slagveld, een fluwelen strijdtoneel. Er vloeit geen bloed, of maar een beetje. Daadwerkelijke broeder-, vader- of moedermoord is niet aan de orde – dat zou de familiefilm degenereren tot een *murder mystery* of een thriller. Nee, de slag wordt geleverd via suggestie, chantage, manipulatie, uitsluiting. Het woord is de dolk, de tirade is de mitrailleur.

Er wordt gespeculeerd op familiegeheimen, op schande en schaamte. Niemand praat. De omerta weegt zwaar. Zwijgen is een erezaak en bovendien van levensbelang, want de familieleden zijn elkaars medeplichtigen. Wordt die code doorbroken dan functioneert de ongebreidelde kennis van de zwaktes van de anderen als buskruit. Maar de overwinning is van korte duur en slechts schijn. De zege lucht even op. Oplossen doet hij niets.

In de Deense film **Festen** werd dat magnifiek uitgespeeld: op het familiefeest ter gelegenheid van zijn zestigste verjaardag wordt een vader door een van zijn zoons ontmaskerd als incestpleger. De dreiging in de film is onverdraaglijk, de ontlading verschrikkelijk. De zoon vertelt over het sperma van zijn vader, hoe hij dat aantrof in het haar van zijn broertje. Dit gaat ver, dit gaat heel ver.

Maar maakt het iets uit dat de shit naar buiten is gekomen?

De camera glijdt langs de gezichten. Nee, het maakt niets uit. Men moet, men wíl samen verder, dan maar in alle wreedheid.

Een familie laat zelden iemand los, dat geldt zowel voor daders als voor slachtoffers.

Zelfs de dood brengt geen oplossing. Een gestorven kind blijft spoken. Overleden vaders en moeders kunnen oppermachtig zijn. En dan heb ik het niet over de erfenis, maar over ouders die een soort religie worden, met taaie godsdiensttwisten als gevolg: papa hield meer van mij dan van jou, dus ik ben belangrijker dan jij. Of: papa hield meer van jou dan van mij, dus jij bent schuldig. Jij hebt mamma beloofd dat jij mij altijd bij zou staan, waar blijf je nou?

In de kinderkamer kruipt een volwassen vent onder zijn sprei van vroeger. Er is de tersluikse blik van een broer op zijn oudere zus. De neergetrokken mondhoek van de moeder als ze haar schoondochter met een hartelijke (hartelijke? is een panter hartelijk?) omhelzing begroet. In de keuken in *Un conte de Noël* zitten ze gezellig samen, de mannen onder elkaar. Ze kletsen. Maar kijk hoe, op de achtergrond, de bejaarde vader gelaten reageert op het dronken gelal van zijn middelste zoon – hij geeft hem op. Eh... hij gaf hem al lang geleden op. Kijk hoe de neef zijn blik neerslaat en gelaten glimlacht – dit gaat uit de hand lopen en dat weet hij. Merk op dat de jongste broer lichamelijk contact met zijn tierende broer probeert te maken – hij houdt van hem maar hij kan niks voor hem doen.

Besef dat de moeder heel erg niet bij hen is. Ze mijdt ze allemaal, ze storen haar.

Elke familiefilm is claustrofobisch, *Un conte de Noël* ook.

Het zijn volwassen mensen, ze zijn vrij om te gaan. Waarom loopt er niemand weg? Vergeet het maar.

Daar zitten ze aan dat verdomde kerstdiner. Een broer met een bloedneus. Een zus met een zure trek op haar gezicht. De vader met zijn onbedaarlijke glimlach.

Onderdrukte emoties trekken de sfeer vacuüm. De familieleden worden naar elkaar toe gezogen, ze happen naar adem. En de druk neemt nog verder toe, daar zorgt het familielid voor dat buiten de boot viel c.q. uit het nest werd geduwd c.q. nadrukkelijk afstand heeft willen nemen. Het zwarte schaap.

Zwarte schapen zijn de fleur van elke familiefilm. In de perverse familiefilm *Il y a longtemps que je t'aime* is het zwarte schaap een vrouw. Ze komt na jaren uit de gevangenis, en wordt liefderijk opgenomen in het gezin van haar zuster. Van Kerstmis is hier geen sprake. Wel van een malende oude moeder. Van een cassandra-achtig nichtje dat de waarheid zegt – niemand wil naar haar luisteren, laat staan haar begrijpen. En van een onuitsprekelijk familiegeheim. De erdoor de moeder ingeramde wanverhouding tussen de zussen doet de rest.

Un conte de Noël is heel anders. Die presenteert een traditionele zondaar, in de stijl van de Bijbelse verloren zoon. Hij is een charmeur, onweerstaanbaar ondanks zijn wangedrag, zijn wankele moraal, zijn vuile kleren, zijn alcoholwalm en zijn schulden. Hij dient zich na jaren weer aan en de hele familie valt voor hem. Tot ergernis van zijn zuster. Zij is, volgens het principe van het Bijbelverhaal, het kind dat haar talenten braaf aanwendde. Nu loopt iedereen weer met die losbol weg, was zij dan voor niets altijd zo lief?

Zij haat hem. Hij haat haar terug. Maar ook al zouden ze elkaar nooit meer zien, ze zijn gloeiend verbonden door de weerzin die ze in hun vroege jeugd al begonnen te smeden.

Bestaat er dan geen familiefilm zonder haat? *Fanny och Alexander* vertelt uitvoerig over inkeer in familieverband. Het hechte familieleven brengt redding en trekt alle ellende glad. Maar ik zou wel eens een vervolg willen zien: Alexander en Fanny vieren kerst met hun oude moeder, die toen ze klein en hulpeloos waren voor een 'veilig' huwelijk koos. Die er veel te laat bij was toen ze werden mishandeld door de man die zij hun heeft aangedaan door met hem te trouwen. Hoeveel is er dan bij broer en zus over van die inkeer?

In *Un conte de Noël* houdt de moeder niet op haar kinderen te manipuleren. Ze wil geen moeder zijn, ze is vrouw. Haar kinderen zijn bijzaak, ze is verliefd op haar man. Ze flirt met hem, altijd heeft ze met hem geflirt, dat ze allebei oud zijn verandert daar niets aan.

Nu is ze ziek, een transplantatie van het beenmerg van een naaste verwant zou haar leven met enkele jaren kunnen rekken. Wie gaat haar donor zijn? Haar dochter is niet compatibel, haar jongste zoon ook niet. Uitgerekend haar zoon Henri heeft het juiste merg, het kind dat haar nooit beviel.

Henri triomfeert. Henri misdraagt zich. Henri zegt de waarheid. Henri kan niet stuk.

Na de kerst krijgt de moeder zijn merg, maar haar lichaam stoot het af. 'Gelukkig,' zegt ze, 'ik verdraag niets van jou' – dus ook zijn merg niet. Ze gaat liever gewoon dood. Letterlijk.

Oftewel: het zwarte schaap sloeg toe. En het verloor.

Een goede familiefilm is bloedstollender dan actiethrillers, horrorfilms of tearjerkers. Geen ander genre slaat zo toe, want het hele publiek herkent wel iets. Zelfs wie radicaal gebroken heeft met zijn thuis heeft familie – familie namelijk, met wie hij radicaal gebroken heeft. Ook sans famille is niemand alleen op de wereld. Er is op zijn minst een voorgeslacht, en dat biedt mogelijkheden. Bij iedereen kan er plotseling een ondergeschoven bloedverwant op de stoep staan. En die weet dingen: Ik ben je tante! Heeft je moeder het nooit over mij gehad?

Er is iemand die iets van je moeder weet. En jij moet kiezen of je dat ook wilt weten. Heb je een keuze? Nee. Iedereen wil horen over zijn naaste bloedverwanten, want dat biedt hem kans op inzicht in zichzelf. Inzicht in wie hij is, inzicht in waarom hij is die hij is.

Dat verlangen is de kern van elke familiefilm.

De basis is dat alle personages iets hebben dat je voor hen in-neemt, ook de bullebak, de schreeuwlelijk, de hysterica, de hypo-criet. In wie herkent de kijker zich, wie kleurt voor haar of hem de film? Wordt het de boze zus die zo verdrietig is? De flamboyante zelfdestructieve broer? De moeder die zo mooi, zo sterk, zo pijnlijk getroffen en zo onzichtbaar ziek is? De vader die van iedereen houdt, maar die zijn gevoelens geen vorm kan geven?

Voor elk is iets te zeggen.

Un conte de Noël wordt steeds krankzinniger en steeds doller draait de familie. Alles gaat schuiven, en alles blijft ook zoals het was. De kaarten zijn geschud. Ontschudden is onmogelijk. Niet spelen is geen optie. Daar zorgt mamma voor.

La mamma.

15

Popmuziek

De zilveren laarzen

Ik heb de goeie ouwe tijd zelf meegemaakt. Ik ken die doorgetripte mannen van de popgroepen, die zich op de rockpodia hijsen om hun tweede jeugd uit te venten, nog van hun eerste bloei. Het lijkt of dat me beter maakt en wijzer. Is onzin, maar toch vraagt een jonge collega vol ontzag: 'Was jij bij dat concert van **The Rolling Stones** in Den Haag, toen de zaal in elkaar werd getremd?' ★

Ik ben even in de verleiding om ja te liegen, maar de waarheid is mooi genoeg: 'Nee, ik heb The Stones wel in Amsterdam meegemaakt, maar later. Ik was er stiekem, mijn moeder wist van niks. Wat ze speelden? Weet ik niet meer. "Jumpin' Jack Flash". Geloof ik. Ik weet nog wel goed hoe ze eruitzagen. Verfomfaaid, alsof iedereen de klere kon krijgen. Ik droeg een uitgebleekte spijkerbroek. Ik was ermee in het bad gaan zitten om hem op mijn lijf te laten krimpen. Hij mocht nooit gewassen worden.'

Ik houd voor mezelf dat mijn kapsel, ongekamde lange pieken met een scheiding opzij, naar **Janis Joplin** neigde. Maar dat wist ik toen zelf nog niet, dat ontdekte ik later pas. Tot mijn tevredenheid. Haar drama – schorre songs, drank, dope en dood – sprak me aan. Haar hippielook ook. En dat haar had ik dus al. ★

Waarmee ik maar wil zeggen: popmuziek is geen muziek, althans, niet voor de meisjes. Popmuziek vormt. Het geeft stijl, het lost kwellende levensvragen op. Het voorziet in een levenshouding. En in een uiterlijk.

Ik was elf en **Gonnie Baars** zong op de radio: ★

Alle leuke jongens willen vrijen
Maar 't stadhuis is er niet bij
Geen mooie trouwpartij
Geen bruidsboeket voor mij...

Leuke jongens waren dus helemaal geen leuke jongens. Hoe moest dat nou? Gelukkig was er een antwoord, via **Patricia Paay**:

Je bent niet hip, je bent niet vlot
Je ouwe fiets die is altijd kapot.

Leuke jongens bestonden, maar ze waren niet honderd procent ideaal. Toch jammer.

Enkele regels later kwam de verlossing:

Maar jij bent lief en reuze trouw
Jij hoort bij mij en ik bij jou.

Zo kon het ook. Een hele opluchting.

Gonny noch Patricia haalde het bij **Karin Kent**. Die zong: Dans je de hele nacht met mij?

Als dit een droom is dan droom ik jou erbij
Daar zweefde ik op weg.
Met jou te dansen vind ik een zaligheid
'k Heb maling aan de tijd...

Zo wilde ik het ook hebben.

Bovendien had Karin Kent zilveren laarzen.

Zilveren laarzen.

En eyeliner. Alle andere zangeressen hadden trouwens ook eyeliner, niet zo'n zuinig streepje, maar voluit, een zwarte veeg.

Ik troggelde de zoveelste vrouw van mijn vader (hij versleet er uiteindelijk vijf, hoera voor de seksuele revolutie) een flesje eyeliner af en ging oefenen.

Ik was dertien geworden en klaar voor de start, klaar om mezelf uit te vinden.

Ik luisterde minder naar de radio, er was nu een televisie in huis.

Ik zag **Mariska Veres**, van Shocking Blue.

Ze had eyeliner. Fantastische eyeliner. Ponyhaar tot op haar oogleden. Shirts met een koordje over haar borsten.

Ik leerde snel. Mooi-met-koordje zat er niet in, maar blits zijn wel.

Popmuziek zou *a boy's thing* zijn. Jongens zingen de songs niet alleen woordelijk mee. Ze imiteren de muziek en dat kunnen ze feilloos, ook nu doen ze dat. Met alle woorden, klanken en bewegingen van de popsterren die ze honderden keren op YouTube hebben bekeken. Net zo precies konden hun (groot)vaders de riffs uit 'Hotel California' van The Eagles meezingen en meedoen. Met hun stem en op de luchtgitaar.

Jongens adoreren hun idolen als archivarissen.

Voor meisjes ligt dat anders. Meisjes hebben de moed om zich de inhoud van liedjes aan te trekken, en ze spiegelen zich aan andervrouws uiterlijk.

Zo werken meisjes aan hun dromen.

En dan zijn meisjes klaar.

Ze houden het bij een bepaald imago, daar gaan ze het voor de rest van hun leven mee doen.

Ik zag **Blondie** optreden, met zangeres Debbie Harry – onweerstaanbaar. Haar uiterlijk inspireerde (die lok! die mond! die slaperige houding!) en wat ze zong kwam stevig aan:

I will give you my finest hour
The one I spent watching you shower...

Geweldig idee: geluk is je minnaar bespieden terwijl hij doucht.

Maar het beklijfde niet. Ik was de twintig gepasseerd en mijzelf geworden. Ik wilde niet meer veranderen.

Ik denk aan **Cher**.

Cher was te hoog gegrepen.

Maar Karin Kent, dat moet lukken. Eyeliner. Quasi-chic kapsel. Opvallend schoeisel.

En: 'k heb maling aan de tijd.

16

La mamma

Het bedrog van de maria's

De madonna's waren mijn voorbeeld. Ik was zwanger en zo ging ik het doen. De hele tijd breeduit zitten en ingetogen van mijn kind genieten, dat trouwens nooit groot werd. Dacht ik aan de abstractie in mijn baarmoeder, dan bevond die zich stil op mijn schoot.

Rechtop, soms gezeten, soms staand, soms met een handje aan mijn kin. Een enkele keer lag hij aan mijn borst, geen baby maar een kleine man al, met één oog naar het publiek: kijk eens hoe gelukzalig wij samen zijn?

Zwangerschap is waanzin. Er zijn vrouwen die zuchtend en steunend aan het poetsen slaan en van geen ophouden willen weten. Er zijn er die rare dingen gaan eten, in grote hoeveelheden. Er zijn er die 23 uur per dag in de fietsenstalling zouden willen doorbrengen, omdat het er zo lekker ruikt. Ik identificeerde me met Moeder Maria. Ik verlustigde me aan haar, geen afbeelding was veilig.

Nee, ik ben niet katholiek. Water is water, wijn is wijn, ouwels lust ik niet en voor de biecht heb ik te veel verbeelding – stop me in een biechtstoel en ik verzin de origineelste zonden, heel erge, heel subtiele, alles om de pastoor maar niet teleur te stellen. En trouwens, als ik dan toch biecht, wil ik wel graag de beste zondares zijn die deze pastoor ooit achter zijn tralietjes gehad heeft.

Maar dat verhindert niet dat ik me vergaap aan katholieke kerken, vooral in Italië waar ze meestal een klap van die overweldigende Renaissance hebben gekregen.

Hoe leeg een katholieke kerk ook loopt, er blijven altijd vrouwen in bezig. Er is bij het katholicisme voor een vrouw veel te beleven. Om te beginnen loopt iedereen er in een jurk, ook de mannen. En dat gaat van sober tot uitzinnig. De outfits zijn geschikt voor de catwalk, wie dat niet gelooft kan in de film **Roma** van Federico Fellini het bewijs bekijken: een r.-k.-modeshow, met onder andere in blauwe zijde gehulde pastoors op rolschaatsen en tot slot, in de plaats van het traditionele bruidstoilet, een vergaand pauselijk gewaad.

Het voornaamste is dat vrouwen in de katholieke kerk mogen dwepen zoals ze dat zo goed kunnen: geposeerd dienstbaar, om niet te zeggen *Kees de Jongen*-achtig: zie je wel hoe mooi ik dit acteer? En ondertussen genieten ze van zichzelf.

Ik zag het in die kerken en ik wilde dat ook wel: met zachte doeken de voeten van een heiligenbeeld oppoetsen, niet even, maar urenlang. Gedurig kaarsvet deppen alsof het om tranen gaat. Ik bewonderde in het Vaticaans Museum een reeks kostbare Christusbeeldjes. Verfijnde ivoren ribbenkastjes, smartelijke ledematen met diamanten stigmataatjes. Middeleeuwse nonnen uit hoge kringen verzorgden hun Christusjes alsof ze met poppen speelden, er was een bedje van zijde, er was een kroontje van goud.

Verder valt er in de katholieke kerken gevaarloos te sjansen (want celibaat). Ook al zo prettig.

Ik geniet vooral van de katholieke kerken waar werk van is gemaakt. De schilderijen, de beelden, de vloeren met ingelegde dierenriemtekens. De krullen, kwikken en strikken, aan alles en op iedereen. Zie ik een reliquieënnis dan duik ik erin, want ik ben tuk op het pathos van een kromme wijsvinger onder een stolpje, de splinter van een heilig dijbeen op een gouden piëdestalletje. Een hoogtepunt is het complete hoofd van Santa Caterina van Siena in een glazen kistje, boven een altaar.

Vol zijn die kerken. Vol! Ik lust er wel pap van. En daar heb je ze dus bij busladingen: de Mariamoeders met hun jezusbaby's.

Ik was zwanger en ik dacht steeds aan ze.

Ik zat thuis te wachten tot er nou eens een wee zou komen. Ik bladerde door de stapels in die kerken gekochte en daarna nooit meer opengeslagen catalogi. Ik haalde mijn hart op en verpandde het aan de marsepeinmadonna's van **Filippino Lippi** en zijn tijdgenoten. Vooral aan die ene, die iedereen die in Florence is geweest als kaart heeft verstuurd: Maria is een schoonheid van een jaar of zestien, met een witkanten sluiertje dat van haar blonde achterhoofd neergolft. Gevouwen handen, blik omlaag. Haar zoontje kijkt juist leip omhoog, zijn bolle peuterlijf rust op de schouders van twee spekvette engelen van basisschoolleeftijd.

Zo doe je dat, moeder zijn.

Ook de middeleeuwse moedermaagden gaven me richting: sobere stokkenvrouwtjes, het kind tegen hun smalle schoot aangeplakt.

Naar hun voorbeeld was ik met het vorderen van mijn zwangerschap steeds beater geworden.

Beaat. Belachelijk woord, maar het dekte de lading. Intens rustig drapeerde ik me in mijn stoel (mijn zetel), ik plooide mijn ruime jurk (japon), en wachtte vol goedheid (goedertieren) op wat in die zwangerschapshandboeken 'het wonder' heette. Het wonder schopte in mijn rug en hing op mijn blaas, maar dat doorstond ik graag (lijdzaam). O, wat keek ik edel om me heen. Mijn moederbuik was het centrum van mijn universum en die zwellende moederborsten waren eretekens.

Hoogzwanger was ik, en ik zag in Brugge het **Mariabeeld** van Michelangelo.

Die kalmte. Die blik omlaag. Die nederigheid. Een linkerhand met een stil handje tussen de vingers. Marmeren dijen met dat lieve kind ertussen.

Twee weken later scheurde mijn dochter zich van me los.

Au.

Sinds mijn bevalling ben ik ervan overtuigd dat de scifi-horrorfilm *Alien* over een bevalling gaat. Maar in die film overkwam het een man.

Er is een ei, *from outer space*, en dat maakt zich meester van een lid van de bemanning. Na enige paniek is dat ei weg, precies zoals bij een zwangerschap: eerst blijk je zwanger en daarna merk je d'r een tijdje zo weinig meer van dat je denkt: is het eigenlijk wel waar?

Maar dan.

Dan zit er toch duidelijk een wezen in je. En dat wezen moet eruit, in het geval van *Alien* uit een mannenbuik. Tsja, een man heeft geen uitgang. Dus vind je het gek dat het wezen zich een weg baant door zich door 's mans buikwand naar buiten te bijten?

Bloed en pijn. Wil iemand weten wat dat nou helemaal inhoudt, zo'n bevalling, dan verwijs ik zo'n persoon naar *Alien*. Niet alleen om hem of haar even bij te praten over het geweld dat een geboorte met zich meebrengt, maar ook omdat die film zegt waar het op staat: een pasgeboren baby is een alien. Een onkenbaar, vreemd wezen. Een figuur met een onvoorspelbaar karakter, iemand van wie veel wordt verwacht, maar nooit iets onherstelbaars, en dat is een vergissing. Niemand heeft dat zo goed verwoord als **Roald Dahl** in zijn verhaal 'Genesis and Catastropy, a True Story'. Lees het en schrik.

Een vrouw in barensnood. Zal het dit keer goed gaan? Ja het gaat goed. Dit kind blijft leven. We noemen hem Adolf. Gefeliciteerd, mevrouw Hitler.

Vrouwen zijn de grootste waaghalzen van de mensheid. Eerst investeren ze hun lichaam en dan hun ziel en zaligheid in het meest ongewisse dat er bestaat: de pasgeborene. Ze gaan uit van succes, in pech geloven ze niet. Ze spelen va-banque.

Ik keek naar de oorlogskleuren van mijn naamloze dochter. Ik haalde mijn wijsvinger door het smeer op haar wangen en voorhoofd, snoof aan haar verkleefde haren. Ik kuste de schreeuwende mond, de kleine rode schouder. En ik rilde van agressie. Wie hier één vinger naar uitsteekt, steek ik neer.

Van de moedermaagd in mij was niets meer over.

Mijn dochter was geen jezus en ik was geen maria. Die madonna's in die kerken trouwens ook niet. Leugens, die deemoed. Niks van waar, die zachtheid. Ze doen alsof, ze nemen iedereen bij de neus. Net zoals ik had gedaan. En iedereen had me geloofd, ik zelf ook.

Waarom? Omdat kunstenaars moeders graag zo zien, en zij niet alleen. Ze beantwoorden aan het moederbeeld dat de mensheid koestert, vrouwen net zo goed als mannen. Op de achtergrond, dienstbaar, lief, geduldig, klaar om zich op te offeren, altijd klaar en nooit moe. Kusje erop? Over!

Wie beantwoordt er aan dat beeld? Niemand. We doen alsof. En iedereen trapt erin, ook de moeders zelf.

Duizenden schilderijen heten 'Moeder met kind' en allemaal pakken ze het moederschap hetzelfde aan. **Picasso** was een heftige ★ schilder, maar schilderde hij een moeder met haar kleine, dan werd hij week. De gedichten over moeders zijn zonder tal, en al die moeders zijn lief en geduldig.

In romans treden moeders op die niet beantwoorden aan die lievigheid. Maar díé zijn dan meteen extreem akelig, om glashelder te maken dat ze afwijken. Er bestaan wel romans met doorsnee leuke moeders, maar die moeders zijn meestal verbannen naar de marge van het verhaal. Door de bank genomen beantwoorden ze allemaal aan **Nijhoffs** 'Moeder, weet je nog hoe vroeger/ Toen ik ★ klein was, wij tesaam / Iedren nacht een liedje, moeder,/ Zongen voor het raam?'

Óf ze zijn als de moeder uit de roman *Een hart van steen* van ★ Renate Dorrestein, waarin een vrouw met een postnatale depressie een appelboor zet in de vagina van haar baby.

In televisieseries is er meer variatie. Daar bestaan alleenstaande moeders die tegelijk vader zijn, zie in de serie *24* de echtgenote van ★ Jack Bauer. Zij verdedigt tot haar dood haar dochter, maar dat doet ze meer als plaatsvervangende vader, bij afwezigheid van haar man Jack, die bezig is de vs te redden van de vernietiging.

Meestal drukken tv-series de moeder van het gezin in een bijrol. Tenzij ze de kinderjuf is. Zoals Fran in *The Nanny*. Pontificale ★ hoofdrol in fantastische outfits. Scherp, grillig, geinig. Altijd aan de slanke lijn en klassiek mannengek. En toch fungerend als volwaardige moeder voor de kinderen die aan haar zorgen zijn toever-trouwd. De serie draait erom dat ze die moederpositie wil munten: telkens weer doet ze een gooi naar de hand van weduwnaar Mr Sheffield. Maar wat een geweldige moeder is ze. Benijdens-waardig onconventioneel zoals moeders dat kunnen zijn, zodra ze zich alleen met hun kinderen weten. (Hebben ze publiek dan nei-gen moeders er wel eens naar om de verantwoordelijke moeder uit te hangen, hun kinderen net te luid toe te spreken of te koesteren. Dat komt doordat ze menen de traditionele leuke moeder te moeten uithangen.)

En er zijn veel meer moedersurrogaten annex kinderjuffen. De diepzinnige **Mary Poppins** test de toverkracht van de verbeelding uit: 'Just a spoonful of sugar helps the medicin go down/ in a most delightful way'. De serieuze Anna uit ***The King and I*** leert de kin-deren uit de harem van de keizer van Siam zelfstandig denken. Maria die de gordijnen verknipt voor leuke jurken en pakjes (***The Sound of Music***) is in feite een non die kinderen krijgt. Zij ratifi-ceert haar moederlijkheid met een huwelijk met de vader van het gebroed dat ze toegewezen krijgt. In ***Mrs Doubtfire*** worden de rollen omgedraaid: daar geeft een man zich uit voor een huishoud-ster annex pseudomoeder. Hij wordt net zo beloond zoals de mees-ten van zijn vrouwelijke pendanten: met een huwelijk. Hij verovert de moeder van de kinderen.

Echte moeder of surrogaat, het gros van de nanny-films houdt het op de volmaakte opoffermoeder enerzijds of anderzijds haar volstrekte tegendeel, de heks. Oftewel: er zit weinig tussen hon-denstiefmoeder Cruella DeVil in de ***101 Dalmatians*** en **Bambi's** moederhert. Beklemmend lief of angstaanjagend niet-lief. Twee extremen, het positief en het negatief van hetzelfde wezen, verzon-nen en vereerd. Zo plat als een dubbeltje, en dus ver verwijderd van het moederkoekwezen dat zich vaak openbaart als er eenmaal is gebaard. Want hoe is een echte moeder? Doorsnee, met klauwen en zachte pootjes. Niet in staat tot het gewenste mierzoete moeder-schap en te reëel om zich te spiegelen aan de arme getraumatiseer-de Lea uit Heleen van Royens roman ***De gelukkige huisvrouw*** (dat ze overigens wel met rooie oortjes hebben gelezen).

En dan nu, hooggeëerd publiek, graag uw aandacht voor een filmheldin. **Anna Magnani**. Een schim uit de tijd dat een speelfilm zwart-wit was. Door veel te veel mensen vergeten.

Maar niet door mij.

Wat een tiep. Wat een weergaloze actrice. En: wat een moeder. Ik denk niet eens dat zij of haar regisseurs het erom deden, maar achteraf bekeken waren moeders haar specialiteit. Geen heiligen zette ze neer, en ook geen duivelinnen. Magnani speelde moederdieren, met de juiste mix van vechtlust, egoïsme en vrouwelijkheid.

Bij elke moederfilm die ik van haar zag, heb ik gehuild. En zie ik er eentje opnieuw, dan huil ik ook opnieuw.

Wie huilt om Magnani, schaamt zich nooit. Zij geeft de burgeres moed: die vrouw, dat ben ik. Nu ja, die zou ik kunnen zijn.

Anna Magnani, dat is een onderjurk. Met een lage halslijn en spaghettibandjes, en een nauwe snit. Zwart of wit – de onderjurk is altijd prijs. Maar je ziet 'm nooit meer en dat is zonde. Alleen al om het eerherstel van de onderjurk zijn de films met Anna Magnani van het grootste belang.

Zij droeg hem en vatte samen wat hij allemaal aan kon duiden, van oh, wat is het warm, via oh, wat zit ik klem in *Hoe Het Hoort*, tot oh, wat voel ik me vrouw. En ze wist wat hij deed voor haar zandloperfiguur. Haar schouders, haar heupen, haar boezem, haar weergaloze rug – hoe majesteitelijk komen ze uit.

In haar mooiste films is La Magnani in onderjurk te zien. Maar er is meer. Met haar erin staat de onderjurk voor de rol die zij het beste speelde: de gewone vrouw met de ongewone droom. Dat 'gewone' vulde ze in met het bijzondere dat elk individu in zich heeft. Niemand is zomaar iemand – dat droeg Magnani uit. Intussen herformuleerde ze in haar rollen platte burgersentimenten naar peilloos gevoel. Vulgariteit? Die verboog ze tot glamour.

Was Anna Magnani mooi? Ja. Maar op een ongebruikelijke manier die na haar nooit meer is vertoond. Ze had het sexy, zware silhouet van de rijpe vrouw. Ze had leeuwenmanen in plaats van een kapsel. Haar handelsmerk waren de donkere kringen onder haar ogen. Lachte ze dan schalde het en kwam er een scheef gebit vrij.

Haar eerste filmrollen vervulde ze al toen de filmkunst nog zweeg, maar aanvankelijk zette dat niet erg door. Pas toen ze allang een gewaardeerd actrice op het toneel was, begon ze furore te maken in de cinema. Met *Roma città aperta* (*Rome open stad*), als een verliefde vrouw in het benarde Rome, in het laatste oorlogsjaar. Er is willekeur en wreedheid. Maar er is ook de orde van de dag en de liefde die gewoon doorgaat. Tot de oorlog er een eind aan maakt. Magnani's personage maakt zich los uit een rij mensen. Ze rent achter een vrachtwagen aan, in de open laadbak wankelt haar geliefde, hij is meegevoerd door de nazi's. Er klinkt een geweersalvo. Ze gaat onderuit alsof iemand haar benen onder haar wegtrapt. Een snikkend jongetje rukt zich los, rent naar het vod dat haar lichaam is geworden. Hij zakt door zijn knieën en omhelst haar. Door mijn tranen zie ik een gestorven maria, gewiegd door haar zoontje.

Magnani liep tegen de veertig toen ze een echte filmster werd. Toen ze in de vijftig en zestig was verhitte ze wereldwijd de bioscopen. Over haar is altijd beweerd dat haar kracht lag in haar authenticiteit. Alsof ze in elke rol zichzelf was.

Vergeet het maar.

Vergelijk haar rollen en zie dat ze zo niet werkte. Ze spéélde authenticiteit, met extreme manieren die ze ontleende aan het Italiaanse melodrama en de opera's van **Verdi**. Uitbundig. Dramatisch. Emotioneel. Komisch.

De filmer Visconti profiteerde daar gewiekst van, voor zijn *Bellissima*. (Wie die film niet kent zou er alles aan moeten doen om 'm te zien, desnoods zijn rechterarm geven.)

Anna Magnani is in die film andermaal een moeder die een partij apenliefde over haar zesjarige dochtertje uitstort. Armoede stompt af en gesappel maakt ruw, suggereert Magnani. Ze is lief en grof. En ze is vastbesloten om nou eens succes te hebben. Ze ziet een kans in de filmindustrie, die een wedstrijd uitschrijft: het mooiste kleine meisje, de bellissima, krijgt een filmrol. Film, dat is luxe. Dat is rijkdom, dat is alles wat wij hier niet hebben – weet deze moeder, die een filmsterfoto boven het echtelijk bed heeft geprikt. In haar hoofd heeft ze al ongeveer gewonnen. Haar dochter wordt een ster! Want zeg nou zelf, is er een mooier kind dan het hare?

Belangrijk: dat dochtertje is een leuk kind, maar niks bijzonders, daar heeft regisseur Visconti zorgvuldig op toegezien. De zesjarige Tina Apicella speelde haar. Tina kon op commando huilen en hield daar dan mee op zodra de camera stopte. Een carrière als actrice lag in het verschiet, maar ze onttrok zich aan Cinecittà.

In *Bellissima* schetst Magnani een verblinde vrouw die de liefde voor haar kind laat overschaduwen door haar wanhoop. Je ziet haar afglijden en je wilt dat niet, want Magnani maakt van deze vrouw geen kreng maar een sympathiek mens.

Het wonder geschiedt. Haar meidje krijgt een screentest. De moeder kijkt stiekem mee.

Haar kind barst uit in snikken. De studiobazen in hun luie stoelen barsten uit in lachen.

En dan gebeurt het. De vrouw reageert furieus. Niet tegen het kind dat haar dromen aan barrels slaat met haar huilbui, nee, de moeder is wakker geworden. Ze laat haar kind niet uitlachen. Ze veegt de lachers de mantel uit tot ze blozen en dan pakt ze het brokje tranenvloed op en gaat naar huis.

Achteraf blijkt dat de filmbazen het meisje toch willen hebben, als komisch talent. Ze komen met contracten en bieden grote bedragen. Maar ze krijgen haar niet. In tranen (eindelijk vloeien háár tranen) wijst La mamma ze de deur.

Zelfs het eenkennige Hollywood was dol op Anna Magnani en ook daar speelde ze een moeder, in *The Rose Tattoo*. Hier is Magnani een mamma (in onderjurk, natuurlijk) die moeite heeft met het volwassen worden van een vijftienjarige dochter. Waarom? Omdat ze zichzelf herkent, in het bijzonder haar eigen hormonen.

Voor Pier Paolo Pasolini creëerde Anna Magnani Mamma Roma – de koosnaam van een gehaaide prostituee die, zo gaat het verhaal, alle zonen van Rome de liefde heeft geleerd.

Inderdaad, ze is een moeder (onderjurk! jawel! check!). Maar niet van heel Rome, ze is de moeder van één zoon, een onderge- schoven kind. Destijds als baby opgeborgen, want zij moest de kost verdienen. Nu is hij een puber en zij stapt uit het leven (denkt ze). En dus haalt ze hem op.

Deze moeder koestert een visioen. Eindelijk samen. Eindelijk een gezin. Eindelijk een thuis voor haar zoon, samen met haar, zo- als andere moeders. Ze doet zo haar best en ze is zo kansloos. Haar verleden haalt haar in en haar zoon onttrekt zich aan haar.

Magnani toont hoe de moeder in deze vrouw soms per ongeluk een stap opzij doet voor de hoer. Het ene moment spreekt ze haar zoon aan op zijn gedrag. Het volgende moment vloeit haar strenge gezicht over in de pestkop van de vrouw van de straat: 'Zeg... wat hoor ik... ben jij al met een vrouw geweest? Hahaha!'

Maar als ze hem de tango leert dansen, in het krappe apparte- ment, zien we in een glimp van hoe mooi dit moederschap voor deze zoon had kunnen zijn. Vrolijk, en ondraaglijk melancholiek. Och, kregen ze de gelegenheid maar. Maar het is te laat. Mamma Roma is een tijgerin-moeder, net als die in *Bellissima* en in *The Rose Tattoo*, maar haar klauwen zijn bot en haar tanden is ze kwijt. Ze kan haar jong niet beschermen.

Magnani's laatste rol was meer een verschijning, in *Roma*, weer een film met de naam van haar stad in zijn titel. Haar carrière had zich bewogen van Rossellini via Pasolini naar die andere groot- meester van de Italiaanse cinema, Federico Fellini. In zijn *Roma* trad ze op als zichzelf, in haar eigen deuropening. Ze sprak haar laatste woorden op het filmdoek:

'Ga naar huis, Federico, ik vertrouw je niet.'

En smeet de deur dicht.

Als een moeder, kwaad op een zoon die veel te weinig van zich laat horen.

(Als de film is gestopt, doet ze weer open. Suggereert Fellini.)

Ik keek naar mijn zuigeling. Ze was gewassen en aangekleed. Een popje met wenkbrauwtjes dat grijnsde in haar slaap. In een kramp spreidde ze haar korte armen, alsof ze wilde vliegen.

Wat ik had gebaard wist ik nog niet. Een genie, leek me.

Maar mocht dit exemplaar onverwacht uitgroeien tot een serie-moordenares, dan maakte dat niet uit. Ik ging haar in de gevangenis opzoeken. Met een cake met een vijl.

17

Vrouwen zijn leuker

Want dat is zo

Als er nou iemand weet dat vrouwen leuker zijn, dan is het **Rineke Dijkstra** wel. Fotografe van portretten, videokunstenares. Jonge mensen zijn haar onderwerp. Jonge mensen, druk bezig met volwassen worden.

Heb je meer meisjes gefotografeerd dan jongens, Rineke?

'Ja, veel meer.'

Hoe komt dat?

'Meisjes laten meer zien. Al hun emoties liggen aan de opper-vlakte, die houden ze niet terug. En ze kunnen zo ontspannen zijn, bijna slaperig: tussen de lakens liggen en even lekker aan jezelf ruiken. Hmmm.'

Rineke Dijkstra werd wereldberoemd met haar 'strandfoto's', en dan vooral met de foto van het meisje in het zeegroene badpak. Een ontroerende sliert die bekend werd als haar 'Venus'. Ze is rank als zeeschuim. En inderdaad, van haar zanderige voeten tot haar heup en haar wapperende haren, echoot ze het bekende Venusschilderij van Botticelli: de ingetogen renaissanceblondine die met haar voe-ten op een grote jacobsschelp op het strand is geland.

Bij **Botticelli** kijkt ze je met doorzichtige ogen aan. Mooi, maar ook een beetje saai. Botticelli schilderde niet zijn model, hij schil-derde zijn eigen bewondering. Zijn Venus geeft je wat je van haar vraagt.

Zie je wijsheid? Oké. Onschuld? Doen we. Schoonheid? Jij je zin. Prachtig, echt iets voor een godin. Met een vrouw heeft het weinig te maken.

De *Venus* van Rineke Dijkstra doet iets anders.

Ook zij kijkt je aan, maar zij laat zich niet kennen. Alles wat je denkt ketst op haar af. 'Ontroerende sliert' noemde ik haar. Dat moet ik zelf weten. Ik bekijk het maar, zij is haar eigen baas.

Ze poseert, ze weet waar de camera is. Dit is geen kiekje, geen gestolen moment. Het is meer een geschenk.

Ik vraag Rineke of ze wel eens iemand fotografeert die haar niet aanstaat.

'Nee, dat kan ik niet,' zegt ze. 'Daarvoor is de wisselwerking te intiem tussen mij en wie ik fotografeer. Ik heb het idee dat ik dingen te zien krijg die zij niet van zichzelf kunnen weten. Misschien zijn het ook dingen die er voor hen niet zo toe doen. Maar voor mij wel.'

Ach, Botticelli's *Venus*. Het zal wel. Braaf schilderij, iedereen op apegapen: wat is het móóóói. Goed voor de koektrommel en de placemat. Mij doet Rinekes Venus meer denken aan dat schilderij van Picasso. Ook aan het strand, ook aan de vloedlijn: ***La pisseuse***.

Een kubistisch vrouwengezicht kijkt naar... ja waar kijkt ze eigenlijk naar? Naar verderop. Of, kijken... Wat ze doet is meer het turen dat je vroeger kwam te staan op een knip voor je neus en de smalende kreet: 'Starende meisjes zijn verliefd!'

La pisseuse (te vertalen als: de 'plas-ster') geniet van zichzelf. Waarom? Omdat ze plast, natuurlijk. En hoe. Nodig moeten en dan plassen is op zichzelf al een vreugde, maar aan de vloedlijn, dat is helemaal verrukkelijk.

Feestelijk schuimt haar plas samen met het schuim van de golven. Het samengaan van de koude branding met de eigen warme straal is een lust, haar geest bruist ervan. Picasso legt het vol bewondering vast. Hij onthult met dit schilderij hoe lustvol een vrouw kan zijn, zonder dat ze zich geil voelt, of zelfs maar sexy. Ongegeneerd viert ze haar tevredenheid met zichzelf. Meer hoeft ze niet.

De meisjesportretten van Rineke zijn om allerlei redenen prachtig, ook omdat ze raken aan wat dat betekent: vrouw zijn.

Haar meisjes zijn vrouwen in de dop. Containers van uitbottende lichaamsdelen en golvende hormoonspiegels.

Ik zie het opnieuw in haar videovijfluik *The Krazyhouse, Liverpool, UK (Megan, Simon, Nicky, Philip, Dee)*.

Drie meisjes, twee jongens. Elk is voor de duur van een song gefilmd, dansend op de muziek van een onzichtbare dj. Ze bewegen in een plens wit licht, zonder de gebruikelijke dansvloerdekmantel van schaduwen en schemer.

De verschillen zijn groot.

De beide jongens sluiten zich op in drama.

De drie meisjes zijn ongebreideld blij.

De jongens dansen theatraal: ik ben tegen de wereld en ik concludeer dat de wereld tegen mij is.

De meisjes doen maar wat.

De jongens ademen uit al hun poriën: krijg de klere!

De meisjes: krijg mij maar eens uit de kleren!

Heeft Rineke een favoriet?

'Ja. Nicky.'

Ze speelt het filmpje van Nicky af, telkens opnieuw. Het verveelt nooit.

Ik zie een jonge vrouw die alleen zichzelf nodig heeft. Iedereen mag van haar genieten, dat vindt ze best. Maar zij geniet het meest.

Haar lichaam volgt de ijle dance-song 'Need to Feel Loved' van Adam Kaye & Soha. Haar ogen houdt ze meestal dicht. Met haar rechterhand maakt ze soms een gebaar naar haar slaap, alsof ze even nadenkt.

'Voor mij is ze altijd zo'n beetje de engel,' zegt Rineke.

De engel?

'Omdat ze met haar armen doet of ze vleugels heeft, die ze af en toe per ongeluk uitslaat... Maar ook dat haar. Tjee, wat een goed haar, dacht ik steeds, het zit bijna symmetrisch. Ik had haar voor de opening van mijn tentoonstelling in Berlijn uitgenodigd. Kwam ze aan met een klein staartje. Ik zei: Waar is je haar? Zei ze: Zit in me tas! Goed hè.'

We kijken weer naar de video. Nicky lijkt onverstoorbaar dromerig.

'Klopt,' zegt Rineke. 'Ze ligt de hele dag in bed. Haar vader vertelde dat ze een jaar gestudeerd had. In Leeds. Klassieke talen. Vond ze niks, ze kwam naar Liverpool terug. En nu ligt ze de hele dag in d'r nest. Ik heb een klein roze wekkertje voor d'r gekocht.'

Was het moeilijk om haar over te halen om voor jou te dansen?

'Helemaal niet. Ik zag haar dansen in een club. Het was haar negentiende verjaardag. Ze was in een goeie stemming. Alles klopte aan haar, ze was zo vanzelfsprekend anders dan anderen.'

Opnieuw kijken. Die muziek. Nicky's borsten klimmen tegen haar jurkje. Het jurkje kruipt op. Haar vingers trekken het achteloos omlaag.

Is dit een meisje of een vrouw?

'Een meisje.'

Nou, ze is negentien...

'... dan ben je toch een meisje? Vind jij dit een vrouw?'

De waarheid is dat ik alle meisjes op alle Dijkstrafoto's een vrouw vind. Ook dat kleine meisje op die step in Barcelona. Nu ja, ze zijn een soort vrouw. Alles zit erin. Het moet alleen nog even uitgepakt worden. En het is ijzersterk.

Ik vind haar geweldig, zeg ik.

'Ze is zo goed omdat ze zich overgeeft. Ze combineert zichzelf met de muziek. Haar kracht is haar concentratie. Ze vergeet die twee camera's van mij.'

Op de video heft Nicky haar linkerarm. In het ritme van de muziek verbergt ze haar gezicht even in haar elleboog. Dat doet ze vaker.

'Ze geneert zich niet, ze danst voor zichzelf,' zegt Rineke, 'en daar geniet ze van.'

Dat genot.

Als je er niet op let, zie je het niet eens. Vrouwen kunnen schateren en keten en luidruchtig zuipen en uitdrukkelijk de aandacht opeisen, net als iedereen. Maar ze kunnen van zichzelf genieten als geen ander. En dat houden ze voor zichzelf, dus zie je het niet zo.

Bovendien hebben ze de schijn tegen. Vrouwen – dat is bekend, daar wordt van geprofiteerd en daar wordt tegen gestreden door militante andere vrouwen – die houden ervan om anderen te behagen. Ze buigen, ze vleien, ze geven kopjes. Ze zijn van: laat mij maar even. Ze zorgen, ze sloven. Daarnaast willen veel vrouwen een baan en liefst een carrière, maar daar geven ze dat zorgen en sloven niet voor op. Dat doen ze graag zelf, dat kunnen ze niet aan een ander overlaten.

Allemaal waar.

Zo waar, dat ik denk: laat ze dan.

Laat ons dan.

Ik geef het toe, ik ben ook zo.

En ik ben ook niet zo.

Ik ben als het fluitketeltje uit het gedicht van Annie M.G. Schmidt:

Ik moet fluiten zo lang als ik kook
en ik kan het niet helpen ook.

Ik wil best koken, maar ik wil ook fluiten. En dat doe ik dan voor mij zelf.

Je ziet ze vaker in de verzen en verhalen van **Annie Schmidt**: vrouwen die er geen probleem mee hebben om vrouw te zijn zoals het schijnt te horen. Die daarvan houden, inclusief thee drinken, en poetsen en lief zijn. Maar die zich niet laten remmen in wat we hier dan maar het 'nicky-gevoel' zullen noemen, naar de video van Rineke Dijkstra. Schmidts helaas vergeten diva 'het schaap Veronica' was er zo een. Een beetje een wuft schaap was ze. Witte krullen, slanke poten op hoge hoefjes. Bevriend met 'de dames Groen' en met 'de dominee', een vrolijke man in wie je de jarenvijftighomo herkent: uitgelaten en in de kast – zijn geaardheid blijft beperkt tot: jeminee, wat een gekke vent is dat toch.

Het schaap Veronica doet onafgebroken wat zij als geen ander kan: genieten van zichzelf en van alles wat ze verzint. En in haar slipstream genieten de dames Groen en de dominee met haar mee.

Zo beginnen de versjes:

Fijn, zei het schaap Veronica, wij gaan de kaarsjes branden...
    of:
He nee, zei 't schaap Veronica, ik wil nog niet gaan slapen...
    of:
Ach, zei het schaap Veronica, ik hoor de vinkjes fluiten...
    of zelfs:
HA! riep het schaap Veronica, verrukkelijk, verrukkelijk!

Elke verzuchting is telkens de aanzet tot iets doen waar het gezelschap anders niet op gekomen zou zijn. Wat het schaap voorstelt is altijd iets bijzonders. Een ander kan het mal vinden, maar ze doet het toch.

Zo is ook Floddertje, een veel bekender Annie Schmidt-type. Floddertje is een klein meisje. Ze zet de badkamer blank en ze maakt zich vuil. Ze gedraagt zich ook vaak als een volwassen vrouw, want dat biedt haar de gelegenheid om goeie ideeën uit te voeren. Dat schept problemen. Maar doordat ze onverzettelijk haar eigen koers vaart, redt ze niet alleen de situatie, ze maakt iedereen om haar heen gelukkig, zelfs als dat eigenlijk helemaal niet kan. Is er een bruidsjurk besmeurd door Floddertjes hond, dan ziet Floddertje meteen en tot plezier van de ontstelde bruid, dat die jurk juist veel prachtiger is zo, met dat interessante zwarte motief.

Floddertje is eerstegraads familie van die andere zelfgenotsheldin: **Pippi Langkous**. Keizerin van het nicky-gevoel. Alles wat Pippi doet, dient haar eigen vrolijkheid. Wie wil kan aanhaken bij haar ondernemingen en die heeft dan een geweldige middag.

Pippi bewijst hoezeer het behagen dat een mens in zichzelf schept die mens verfraait, vooral als die mens een vrouw is. Want Pippi is een vrouw volgens het boekje. Ze onderschrijft traditioneel vrouwelijke deugden als zorgzaamheid. Ze geeft om haar uiterlijk. Ze waardeert een gezellige omgeving, ze organiseert kleine verrassingen. En ze geeft gehoor aan plannen zonder zich af te laten leiden.

Zo zijn is niet zonder risico. De vrouw die haar impulsen volgt, leeft gevaarlijk. Want er wordt op haar gereageerd en voor ze het weet is ze per ongeluk een femme fatale geworden, zo een die achteloos over lijken gaat. Niet omdat ze dat wilde, maar iets anders lukt gewoon niet meer.

De femme fatale is ook een soort Nicky, maar ze is onderweg in haar leven haar slaperigheid kwijt geraakt. Haar nu klaarwakkere elegante fantasieën perverteerden haar, ze werd per definitie tot een brevet van onbetrouwbaarheid. Met haar schoonheid strooit ze iedereen die ze tegen het lijf loopt zand in de ogen.

Strooien? Gooien! Ze schiet met scherp. En daar kan ze eigenlijk niets aan doen. Zegt ze, terwijl ze het ogenblikkelijk opnieuw flikt.

In de film **Who Framed Roger Rabbit** zit een puntgaaf exemplaar van de fatale vrouw: de tekenfilmfiguur Jessica Rabbit, tegenspeelster van *real live actor* Bob Hoskins.

Jessica kent haar eigen makkes. Ze stort iedereen in het verderf, maar, excuseert ze zich: '*You don't know how hard it is being a woman looking the way I do.*'

Hoskins repliceert: '*You don't know how hard it is being a man looking at a woman looking the way you do.*'

Jessica Rabbit komt terug met: '*I'm not bad. I'm just drawn that way.*' 'Drawn', dat betekent twee dingen en allebei zijn ze van toepassing: zo is Jessica nu eenmaal én zo werd ze getekend. Daar kan ze niks aan doen.

En daar gaat ze: beeldschoon, onweerstaanbaar, maar verstrikt in de gordiaanse knoop van haar uiterlijk met haar hersens.

Vrouwen als Jessica Rabbit zijn in zichzelf verdwaald. Slaan ze in dat doolhof op hol, dan kunnen ze zichzelf niet meer relativeren, dan vinden ze alles wat ze doen zelf briljant, berg je dan maar. Van kritiek krijgen ze moordneigingen, machtswellust is hun enige drift.

Meryl Streep zette in de film ***The Devil Wears Prada*** neer hoe verschrikkelijk het is om zo te zijn: als hoofdredactrice van een modeblad à la *Vogue* walst ze, schitterend en vervaarlijk, door de redactielokalen en over ieders ziel.

In zichzelf verdwaalde vrouwen zijn griezels. Wild in de rondte intimiderend gaan ze ervanuit dat iedereen maar wat graag van hun kracht zal willen drinken. Maar nee, iedereen gaat een straatje om, en dat snappen ze niet. Ze zijn diepongelukkig, en helaas: naar medelijden kunnen ze fluiten en op vriendschap, liefde, of gewoon een praatje over de heg hoeven ze niet te rekenen.

Volledig onbenaderbaar zijn omdat je hardnekkig verzinkt in jezelf, het is de basis voor een tragedie van Oud-Griekse allure. Dan ben je Elektra en verschroei je iedereen in je nabijheid met je gelijk.

Kwam Rineke ze tegen, vrouwen die in zichzelf verdwaalden?

Ja, in het klein. Aan het strand, in South Carolina. Het meisje in de oranje bikini.

'Die wilde heel graag gefotografeerd worden. Ik was bezig met anderen en zij hing steeds om me heen. Ze was niet mijn tiep, maar ik durfde niet te zeggen, ik hoef jou niet. Toen ik er niet meer onderuit kon, zei ik: Kom morgen maar, het is nu te donker. En dat deed ze. In die superflitsende bikini.

Ze ging staan en ik zag het ineens: die denkt dat dit om mode-foto's gaat. Ik zag haar fantasieën. Ze ging uit van complimenten terwijl ik het leuk vind om een beetje te praten en zo te wachten op het juiste moment. En toen begon het ook nog heel hard te waaien. Ze raakte zo in de war, ze stond doodongelukkig te zijn. De moed zonk me in de schoenen. Ik zei, hou je haar maar vast, want dat woei alle kanten uit. En ik maakte een foto. Voor haar, niet omdat ik er iets van verwachtte. Ik dacht dit wordt he-le-maal niks. Ik schaamde me. Thuis zag ik dat die foto goed was, juist omdat hij iemand laat zien die probeert te voldoen aan een ideaalbeeld.'

Rineke haalt de foto erbij, en wijst: 'Dat bloedmooie zorgelijke gezichtje: je ziet haar wanhopig iets proberen. Maar aan poseren komt ze niet toe. Ze ís. Dat is het mooiste, als je dát kunt vangen. Dat is ook het idee achter mijn dansvideo's. Mensen die dansen, denken over poseren niet na. Daarom laat Nicky in de video iets zien wat in het portret dat ik van haar maakte verborgen blijft. Op die foto heeft ze een vrij harde kop. Maar kijk...'

Ze zet de video weer aan. Inderdaad, een heel andere Nicky.

'Zacht is ze. Ze doet niet geil, daar zou niks aan zijn. Zo denkt ze er helemaal niet over na.'

De video loopt door. Halverwege zitten close-ups. Nicky's gezicht. Haar ene mondhoek krult om, een soort lachje. Besmuikt. Binnenpret.

Rineke: 'Dat met die mondhoek doet ze ook als ze praat. Het is ongeremd intiem. Wat betekent dat?'

Misschien dat ze sterk in haar schoenen staat?

'Ja, dat kan kloppen. De meeste mensen beginnen al snel te giechelen als je ze filmt. Zij niet. Ze komt tot rust.'

Het kader wordt ruimer. Nicky danst verder. Ze heeft niemand nodig.

De muziek resoneert in haar romp, stuurt haar heupen, haar armen, het lachje.

'Het is net of ze zich in zichzelf laat vallen,' zegt Rineke.

Ik denk aan **Alice**, die van Wonderland. Ze viel en viel en viel in het konijnenhol. Ik denk aan haar Amerikaanse tegenhanger Dorothy, uit *The Wizard of Oz*. Die vloog en vloog en vloog, in het oog van een storm. Hun verhalen zijn elkaars echo's. Allebei belanden ze in een land dat angstig echt lijkt, maar dat ze zelf hebben verzonnen. Zowel Alice als Dorothy doet er vrouwendeugden op. Dat je moed niet mag verwarren met overmoed en dat denkkracht te prefereren is boven machtsvertoon, Alice leert het van de Cheshire Cat en Dorothy van de Laffe Leeuw. Dorothy's Vogelverschrikker en Alice' Gekke Hoedenmaker brengen de meiden de kracht van de fantasie bij. En allebei krijgen ze te lijden onder een vrouw met een doorgeschoten ego: Alice wordt bijna onthoofd door de Hartenkoningin, Dorothy legt net niet het loodje bij de Wicked Witch of the West.

Alice is Dorothy is Nicky. Wijs geboren meisjes. Onwankelbare vrouwen. Drie keer een durfal, maar dat spreekt zo vanzelf dat ze er geen punt van maken.

We kijken naar het *Krazyhouse*-filmpje met Simon. Hij is zeventien. Lekker bleek, lekker slungelig, lekker stoer.

Op het ritme van een rocksong speelt hij luchtgitaar. Hij zwiept zijn lange donkere haren naar voren en naar achteren en weer terug. Hij stort op zijn knieën. Zijn pathos is ontroerend, want hij meent het. Bij de slotklanken kijkt hij op, recht in de lens.

Blauwe ogen, verlegen lach.

'Hij kijkt naar mij,' stelt Rineke vast.

'Dee-ik-'t-goed?' vraagt hij.'

'Dat kun je bij die meiden vergeten,' zeg ik.

'Ja. Die gaan dat niet doen.'

Aantekeningen

1 Mevrouw de vrouw

Bill en Hillary Clinton reageerden op de Lewinsky-zaak in een televisieuitzending op 30 augustus 2006.

Tammy Wynette was een country-and-westernzangeres. Ze schreef 'Stand by Your Man' samen met Billy Sherill in 1968 en zette het zelf op de plaat. Pikant is dat Hillary Clinton aan de vooravond van de presidentiële inauguratie van haar man op een vraag van BBC-programma *60 minutes* had geantwoord dat ze niet 'zo'n standing-by-my-man-vrouwtje als Tammy Wynette' was.

Woody Allen (1935) is een van de genieën van de cinema. Zijn oeuvre is zonder weerga, met filosofische excercities als *Zelig* (1983), aangrijpende thrillers als *Match Point* (2005), nostalgische exposés als *Radio Days* (1987) en pure pret als *Everything You Always Wanted to Know About Sex (But Were Afraid to Ask)* (1972). En hij schiep onvergetelijke vrouwenfiguren, van *Annie Hall* (1977) tot *Hannah and her Sisters* (1986) tot *Alice* (1990) tot *Vicky, Cristina, Barcelona* (2008).

Tennessee Williams (1911-1983) schreef zijn stuk *A Streetcar Named Desire* in 1947. Het is ijzersterk en het wordt nog altijd gespeeld. Elke actrice wil ooit een keer graag de zenuwachtige

Blanche DuBois zijn. Sommige acteurs trouwens ook. De verfilming van Elia Kazan uit 1951, met Vivien Leigh als Blanche tegenover Marlon Brando als Stanley is een klassieker. Ik zag in Los Angeles T-shirts te koop, bedrukt met de Brando-Streetcar-zweetplekken.

Fred Astaire (1899-1987), middelpunt van tapdansend Hollywood. Geboren voor 'tophat and tails'. Al zijn films zijn mooi. Mij is *The Gay Divorcee* het liefst, maar anderen denken daar anders over en die hebben ook gelijk.

The Portrait of a Lady is een roman van Henry James uit 1881. Het boek werd verfilmd door de Nieuw-Zeelandse filmmaakster Jane Campion in 1996. Vrouwen vinden hem meestal prachtig, veel mannen ergeren zich er wild aan. Ik zag 'm met mijn geliefde en we kregen er direct ruzie over. Met kwaaie koppen verlieten we de bioscoop. Voor de deur liepen we schrijver en Henry James-kenner Bas Heijne tegen het lijf: 'Wat hebben jullie?' Grimmig vertelden we het. 'Mannen en vrouwen moeten deze film ook niet samen gaan zien,' suste Heijne. Hij heeft een punt.

Jane is de vrouw van Tarzan, de door mensapen grootgebrachte man. Edgar Rice Burroughs beschreef hen in de serie romans die begon met *Tarzan of the Apes* (1912-1914). Over Tarzan en Jane zijn vele films gemaakt. Johnny Weismuller en Lex Barker waren de beroemdste Tarzans. Maureen O'Sullivan en Brenda Joyce waren memorabele Janes.

Het Bureau is de autobiografische zevendelige romancyclus (1996-2000) van J.J. Voskuil. Buiten de serie wijdde Voskuil twee, ook autobiografische, romans apart aan Nicolien: *De moeder van Nicolien* (1999), en *Binnen de huid* (2009). In dat laatste boek vecht Nicolien voor haar huwelijk in antwoord op Maartens overspel.

Sous le sable is van François Ozon (2000). Charlotte Rampling speelt de weduwe die het weduwschap weigert en echtgenote blijft.

Lucian Freud (1922) schilderde *Ib (Isobel) and her Husband* in 1992. Het doek is in privébezit. Ik zag het in museum Tate Britain in Londen, op een Lucian Freud-tentoonstelling.

2 Vriendin op de tast

De Venus van Hohle Fels werd in 2009 opgegraven door een team archeologen onder leiding van de Amerikaans-Duitse hoogleraar Nicholas Conard.

De Venus van Willendorf, ongeveer 22 000 jaar oud, werd in 1908 in Oostenrijk gevonden door de Hongaarse archeoloog Josef Szombathy. Ze is van hetzelfde type als de Venus van Hohle Fels, maar haar lichamelijke kenmerken zijn duidelijker uitgewerkt.

De song 'Venus' was in 1969 een tophit van de groep Shocking Blue.

Lady Gaga (in 1986 geboren als Stefani Joanne Angelina Germanotta) is een megasuperster in het spoor van Madonna. Haar video's op YouTube zijn vele miljoenen keren bekeken. Beyoncé Knowles (1981) is een R&B-zangeres.

Victor & Rolf (Viktor Horsting en Rolf Snoeren, beiden geboren in 1969) zijn Nederlandse modeontwerpers van theatrale kostuums. Maar ook van de bruidsjurk van prinses Mabel van Oranje. 'Mode is tegengif tegen de werkelijkheid,' menen ze.

Bryan Ferry (1945) verklaarde met de song 'In Every Dream Home a Heartache' zijn 'inflatable darling' zijn liefde. Hij zong het met zijn groep Roxy Music. Het lied voor de opblaasbare darling staat op het album *For Your Pleasure* (1973).

Louise Bourgeois (1911-2010) was een Amerikaanse kunstenaar van Franse origine. Ze maakte installaties en sculpturen van allerlei materialen. Het mannelijk lid was een belangrijke inspiratiebron. *Sleep II* is van 1967.

La grande bouffe (1973) is een mysterieuze film van Marco Ferreri (1928-1997). Is het een satire op de consumptiemaatschappij? Een uitbeelding van het absolute nihilisme? Of analyseert de film hoe seks en dood in elkaars verlengde liggen, met de maag als missing link? Het is allemaal mogelijk. Voor mij is het niet de film van vier mannen (ook al zijn dat Philippe Noiret, Marcello Mastroianni, Michel Piccoli en Ugo Tognazzi) maar van Andréa Ferréol. Zij speelt de enige die overleeft. De moeder, de minnares, de kameraad. De onderwijzeres. En degene die iedereen onder de tafel eet.

Michelangelo Buonarotti (1475-1564) schilderde de fresco's in de plafondgewelven van de Sixtijnse kapel in Rome van 1508-1512. Ik bezocht de kapel in gezelschap van een vriend die zijn geld verdient als klusser. Hij keek omhoog, vond het prachtig en verzuchtte: 'Jeeminee, je zal dit moeten witten...' We vroegen het na: 1100 vierkante meter.

3 Geef mij maar macht

Maggie Smith (1934) is een Britse actrice met een enorme staat van dienst, zowel op toneel als in de cinema. In alle Harry Potter-verfilmingen (2001-2011) vervult ze de rol van Miranda Anderling ('Miranda McGonagall' in de oorspronkelijke boeken van J.K. Rowling).

Frank Sinatra (1915-1998) zong 'The Lady Is A Tramp' voor het eerst in de jaren vijftig. Hij hield het op zijn repertoire. Uit zijn mond is het de song van een man over een geweldige vrouw. Daarom varieerde hij het refrein soms: '... That's why this chick is a champ'. De song komt oorspronkelijk uit de musical *Babes in Arms* (1937) van Richard Rodgers en Lorenz Hart en heeft daar een heel andere lading. Het wordt gezongen in de ik-vorm (*I get too hungry, for dinner at eight...*) door een vrouw uit de bohème van New York.

Sophia Loren (1934) speelde in heel veel films van *Fietsendieven*-regisseur Vittorio de Sica (1901-1974*)*. Een film waarin ze tegen alle verwachtingen in overwint is bijvoorbeeld de bitterzoete komedie *Matrimonio all'Italiana* (Huwelijk op zijn Italiaans, 1964). De ontroerende film waarin ze een zware prijs betaalt is *La Ciociara* (1960; in het Nederlands heette hij 'Twee vrouwen').

Passione d'amore (1981) is een film van Ettore Scola. Valeria d'Obici speelde de foeilelijke Fosca. Om het schokeffect van haar uiterlijk te vergroten werden er bij de première alleen film-foto's vrijgegeven waar zij niet op stond. Joop van den Ende produceerde in 2004 *Passion*, de musical van Stephen Sondheim naar deze film.

Ieri, oggi, domani maakten De Sica, Loren en Marcello Mastroianni (1924-1996) in 1963. Het drieluik won een Oscar.

In 1994 vroeg de Amerikaanse cineast Robert Altman aan Loren en Mastroianni de legendarische striptease-scène uit *Ieri, oggi, domani* te herhalen voor zijn film *Prêt-a-porter*.

Leonardo da Vinci (1452-1519) schilderde *De dame met de hermelijn* (*Dama con l'ermellino, Cecilia Gallerani*) tussen 1485 en 1490. Het hangt in Krakau in het Czatoryski Museum en het is de reis waard. *Mona Lisa* (*La Gioconda*, Musée du Louvre) schilderde Da Vinci later, van 1503-1506.

De Britse zangeres Dusty Springfield (1939-1999) zong 'You Don't Own Me' in 1964. Het stond op haar eerste plaat.

4 Bloot

In the Valley of Ela is een film van Paul Haggis (2007), met Tommy Lee Jones (1946, die van *Men in Black*) als een Vietnamveteraan die de werkelijke toedracht achterhaalt van de dood van zijn in Irak gesneuvelde zoon. Het is een ijzige film over een ontroerende bullebak.

Rudy Kousbroek (1929-2010) was de auteur van duizenden beschouwingen en columns. Zijn grote kracht was de verzuchting: een korter stuk waarin hij iets beschreef dat iedereen herkende, maar dat hem nodig had om verwoord te worden. Vaak ging dat over de verhouding van de ene sekse tot de andere. Hij merkte bijvoorbeeld op hoezeer hij het betreurde geen tijd van leven te hebben om met de helft van de wereld naar bed te gaan. Kousbroek noemde trouwens alle vrouwen 'meisje' en alle meisjes ook.

Schrödingers kat is geen echte poes maar onderdeel van een gedachte-experiment (1935) van de natuurkundige Erwin Schrödinger: als je een kat in een luchtdichte doos stopt, en je spuit gifgas in de doos, dan is die kat tegelijk levend en dood zolang de doos dicht blijft. De dubbele (on)zekerheid zit in de hersens van de waarnemer. Voor de kat zelf is het uiteraard duidelijk of hij leeft of dood is.

Ria Kuyken (1935-2001) was in de jaren zestig een zangeres van het Nederlandse lied. Het fatale berennummer in de circustent van Toni Boltini was onderdeel van het Grand Gala des Artistes. Fotograaf Cees de Boer kreeg voor zijn foto de Zilveren Camera. De beer die haar aanviel werd afgemaakt. Kuyken zou altijd 'het meisje met de beer' blijven, tot in haar eigen overlijdensadvertentie.

Jan Wolkers (1925-2007) was schrijver, dichter, beeldhouwer en schilder – en in al die hoedanigheden houd ik van hem en zijn werk. Zijn roman *Turks Fruit* is van 1969 en nog altijd prachtig.

Peter Paul Rubens (1577-1640) was een Vlaamse schilder die werkte in een barokke, bourgondische stijl. De vrouwenrug waar ik naar verwijs, is te zien op zijn *Venus voor de spiegel* (1614).

Rembrandt van Rijn (1606-1669). Woorden schieten tekort voor zijn schilderstalent, ambachtelijkheid, experimenteerdrift, brutaliteit en inlevingsvermogen. Elk portret dat Rembrandt schilderde is ook een psychologisch portret. Zowel voor *De badende Batseba* (of *Batseba na het bad* of *Batseba met de brief van Koning David*) als voor *Badende vrouw* heeft vermoedelijk zijn geliefde Hendrickje Stoffels model gestaan.

5 Wijvenstreken

Hans van Manen (1932), de Amsterdamse choreograaf van wereldformaat, maakte *Sarcasmen* in 1981 voor Rachel Beaujean en Clint Farha (Het Nationale Ballet). De muziek is van Sergei Prokofjev: 'Sarcasmen, opus 17'.

Het Zwanenmeer (Marius Petipa, 1895) en *Giselle* (Adolphe Adam, 1841) zijn choreografieën voor het romantische klassieke ballet.

De ballroom- en tapdanser Fred Astaire (1899-1987) had in zijn beste films Ginger Rogers (1911-1995) als partner. Gene Kelly (1912-1996) was een soort opvolger van Astaire's beste collega als grote musicalster.

Rudolf Noerejev (1938-1993) is nog altijd bekend als een van de beste klassiekballetdansers die er ooit hebben bestaan.

Gilda (Charles Vidor, 1946) is de film die Rita Hayworths carrière definitief lanceerde. Maar haar mooiste rol speelde ze voor Orson Welles in *The Lady from Shanghai* (1947): ongenaakbaar fataal komt ze in een spiegelpaleis terecht, waar haar fataliteit vele malen wordt vermenigvuldigd en dan aan scherven gaat.

In *Ninotchka* (Ernst Lubitsch, 1939) brak de Zweedse legende Greta Garbo met haar imago van koel mysterie. Hoe bijzonder dat was blijkt uit de reclameslogan voor deze film. 'Garbo Laughs' stond er in juichende letters op de affiches. Het was een variatie op de slogan bij haar eerste sprekende film: 'Garbo talks' – ook een mijlpaal.

Shakespeare (1564-1616) schreef *Antony and Cleopatra* ca. 1603-1607.

Joseph Conrad (1857-1924) schreef de novelle *The Return* (1897). Hij werd verfilmd als *Gabrielle* (2005, Patrice Chéreau). Isabelle Huppert speelt de hoofdrol.

'The Lottery' is een kort verhaal van de Amerikaanse schrijfster Shirley Jackson (1916-1965). Het maakt de lezer getuige van, en daarmee medeplichtig aan, een rituele steniging op een Amerikaans dorpsplein. Meteen na de publicatie op 26 juni 1948 in het tijdschrift *The New Yorker* wekte het verhaal enorme weerstand. Lezers zegden hun abonnement op en de hele zomer stroomden er brieven binnen. Vaak met scheldkannonades, maar ook met verzoeken om inlichtingen waar zulke afrekeningen plaatsvonden en of ze bij te wonen waren.

6 Aaibaar met tranen

Chicago (1975) is een muscial van John Kander en Fred Ebb. Zij leefden zich uit in vileine songs over een gevangenisafdeling met vrouwen tegen wie een aanklacht loopt voor moord op hun echtgenoot. *'I didn't do it/ and when I did it/ I bet you, you would have done the same.'*

Nine (1982) is een musical van Arthur Kopit en Maury Yeston. Ik zag hem in 1996.

Federico Fellini (1920-1993) is een Italiaanse cineast met een eigen genre. Zijn films laten zich met niets vergelijken, alleen met elkaar. *8½* (*Otto e mezzo*, 1963), *Il Casanova di Federico Fellini* (1976). *Vrouwenstad* (*La città delle donne*, 1980). *La dolce vita* (1960). *La strada* (1954).

Anita Ekberg (1931) is een zo ongeveer door Fellini gecreëerde actrice, wulps en ontroerend.

Daniel Day-Lewis (1957) is een acteur die zo veelzijdig is dat ik hem soms niet herken, omdat hij dan wéér heel anders is.

Penelope Cruz (1974) werd bekend met haar uitzinnige rollen in de films van haar landgenoot Pedro Almodóvar. In *Nine* blijkt ze prachtig te kunnen dansen.

Gone with the Wind (Victor Fleming e.a., 1939) is een oerfilm over een vrouw die kiest voor hoogmoed. En ze heeft gelijk.

Anna Karenina, roman van Leo Tolstoj (1828-1910). Hij publiceerde deze in afleveringen, 1873-1877.

Giuseppe Verdi's opera *La Traviata* werd in 1853 voor het eerst uitgevoerd, in Venetië. Hij is gebaseerd op de roman *La dame aux camélias* (1852) van Alexandre Dumas fils.

7 Seks in beeld en gedoe

Pier Paolo Pasolini (1922-1975) was een invloedrijk cineast met een grote staat van dienst. Hij was ook dichter en een rebel die onvermoeibaar tegen schenen schopte. Hij werd zwaar mishandeld en vermoord gevonden aan het strand bij Ostia. Pasolini's dood is onderwerp van vele complottheorieën. Het toneelstuk (2010) over Pasolini, van Het Nationale Toneel in Den Haag, werd geschreven en geregisseerd door Franz Marijnen.

Pasolini verfilmde *Il decamerone* (De decamerone) van Giovanni Boccaccio (1313-1375) in 1971. In 1974 volgde zijn versie van de verhalen van Duizend-en-één-nacht. Hij pakte de scandaleuze geschiedenissen aan met telkens dezelfde boertige vrolijkheid.

Salò of de 120 dagen van Sodom (*Salò o le 120 giornate di Sodoma*, 1975) is Pasolini's verfilming van de boeken van Markies de Sade.

Silvana Mangano (1930-1989) werd wereldberoemd met *Bittere rijst* (Riso Amaro, Giuseppe de Santis, 1949). In dit maatschappijkritische drama speelde ze een arbeidster in de rijstvelden van de Povlakte. Maar daar had mijn oude vader het niet over, toen deze film ter sprake kwam. Hij begon met zachte ogen over Mangano's dijen in het natte rijstveld. Ik liet bij een lezing de film zien en werd na afloop door een nette heer aangesproken. Hij vroeg bozig waarom ik een stukje uit de film had geknipt. Mijn ontkennen mocht niet baten. 'Wat mist u dan?' Hij miste de tepels van Silvana Mangano. Hij had ze namelijk zelf gezien toen hij als jongeman naar de bioscoop ging, hij wist het zeker. Het incident bewijst eens te meer de suggestieve kracht van *Bittere rijst*.

Gustave Courbet (1819-1877) schilderde *L'origine du monde* in 1866 in opdracht van een Turkse diplomaat voor diens collectie erotische schilderijen waartoe ook *Le bain Turc* (1862) van Ingres behoorde, en *Les Dormeuses* (1866, ook wel *Le sommeil*), ook van Courbet. Het schilderij ging van eigenaar naar eigenaar en werd altijd discreet opgehangen, achter een gordijntje of een ander schilderij. In 1988 werd het voor het eerst geëxposeerd op een overzichtstentoonstelling van Courbet, in het Brooklyn Museum in New York. Sinds 1995 hangt het in Musée d'Orsay in Parijs. Er is veel gespeculeerd wie het model voor dit schilderij was. De meest recente theorie is dat Courbet niet naar een model schilderde maar naar een foto.

Death in Venice (Luchino Visconti, 1971) is de verfilming van Thomas Manns *Der Tod in Venedig*, op het Lido, het strandeiland van Venetië.

Love the One You're With (1970) was een song van Stephen Stills.

De actie 'Als een meisje nee zegt bedoelt ze nee' werd in 1976 door de vrouwenbeweging op gang gebracht. Ik weet niet of hij hielp maar het was een geweldige kreet. Je hoort hem nu nog, met allerlei variaties.

Last Tango in Paris is van de Italiaan Bernardo Bertolucci, uit 1972. *La Bête* is van de Pool Walerian Borowczyk, uit 1975. En *L'empire des sens* komt uit Japan. Nagisa Oshima maakte hem in 1976. (In Nederland werd hij onder die Franse titel uitgebracht. Oorspronkelijk heet hij *Ai no korida*.)

A Clockwork Orange (Stanley Kubrick, 1971) gaat over de onuitroeibaarheid van gewelddadig gedrag en dus over machtsmisbruik. De film is des te verontrustender omdat hij zo weergaloos gestileerd is dat je hem ondanks alles ademloos bekijkt.

Une liaison pornographique (Frédéric Fonteyne, 1999) is extra goed door de hoofdrol van Nathalie Baye.

Lucía y el sexo is van de Bask Julio Médem, uit 2001.

William Shakespeare schreef *The Taming of the Shrew* (Het temmen van de feeks) ongeveer 1590-1594. Ik citeer de poëtische vertaling (1884-1888) van L.A.J. Burgersdijk, bioloog, encyclopedieënschrijver en Shakespearevertaler. Hij vertaalde de titel als 'De getemde feeks'. Dat slaat nergens op – pas op de laatste pagina's is de feeks getemd.

8 21 december

Kamagurka (Luc Zeebroek, 1956) is een Vlaamse surrealist. Hij maakt theater, cartoons, televisiesketches en hij schildert. In 2008 maakte hij elke dag een schilderij voor het project *Kamalmanak*. Hij vroeg me voor *Kamalmanak* een tekst te schrijven bij het schilderij van mijn verjaardag. Ik was blij dat het toeval me een non toeschoof. Nonnen doen gedwee en vroom, maar het zijn dwingelanden, overtuigd van hun bijzonderheid (denk ik). En omdat hun roeping hen nadrukkelijk via hun sekse definieert, zijn ze ultiem vrouwelijk.

9 De vamp uit de fles

Grace Kelly (1929-1982) maakte haar filmdebuut in *High Noon* (1952). Die film werd een klassieker als metafoor voor de Amerikaanse communistenjacht in de jaren vijftig. En om zijn trage shoot-out aan het slot. Niet om de rol van Grace Kelly. In de drie Kelly-Hitchcock-films *Rear Window* (1954), *Dial M for Murder* (1954) en *To Catch a Thief* (1955) is de rol van Kelly legendarisch.

James Stewart (1908-1997) is een acteur met een allerbescheidenst imago, zie bijvoorbeeld in *It's a Wonderful Life*, de film die ook in Nederland elke Kerstmis op de televisie komt. In *Rear Window* zet hij juist een egocentrische nurks annex onweerstaanbare man neer.

Prins Rainier III van Monaco (1923-2005) was een Monegaskische prins van het huis Grimaldi.

Helmut Newton (1920-2004) was een Duitse glamourfotograaf. In Amerika was hij de society-portrettist van de Amerikaanse 'adel', dat wil zeggen van celebrity's als Elizabeth Taylor.

Isadora Duncan (1877-1929), aanbeden dansvernieuwer, stierf in Nice, gewurgd door haar lange shawl die vastliep in het achterwiel van een open sportwagen, een Amilcar.

Doris Day, Vera Miles, Tippi Hedren, Kim Novak, Julie Andrews – stuk voor stuk beroemde blonde actrices met een koele reputatie. Geen van hen is het type dom blondje, allen hebben ze een rationeel imago.

Funny Face (Stanley Donen, 1957) is een musical met Audrey Hepburn en Fred Astaire in de hoofdrollen. Maar Maggie Prescott steelt de show met een bijrol die is geïnspireerd op mode-icoon Diana Vreeland. Vreeland vulde tientallen jaren in *Harper's Bazaar* de rubriek 'Why don't you...' (bijvoorbeeld: 'Why don't you wash your blond child's hair in dead champagne, as they do in France'). Ze werd in 1963 hoofdredacteur van *Vogue*.

In *The Devil Wears Prada* (David Frankel, 2006) is Miranda Priestley hoofdredactrice van een toonaangevend modeblad, gebaseerd op Anna Wintour, hoofdredactrice van de Amerikaanse *Vogue*. Lauren Weisberger, de auteur van de gelijknamige roman uit 2003, liep stage bij *Vogue* en baseerde haar boek op haar ervaringen. Het boek is een stuk scherper dan de film, die een zoetsappige romance toevoegde.

De documentaire *The September Issue* (R.J. Cutler, 2009) geeft een mooi beeld van de druk waaronder Anna Wintour als hoofdredacteur van de Amerikaanse editie van *Vogue* werkt en illustreert waarom ze niet lief of leuk kan zijn.

De Parijse modeontwerpsters Coco Chanel (1883-1971) en Elsa Schiaparelli (1890-1973) vind ik de grootsten in het modevak. De eerste omdat ze alles veranderde, de tweede omdat ze bewees dat surrealisme en mode familie zijn. O ja, en Jean-Paul Gaultier. En Dries van Noten. En...

10 Ik ben vintage

Annemarie Brink was Miss Holland in 1961

Elly Koot was Miss Holland in 1964

Anja Schuit was Miss Holland in 1965

Welmoed Hollenberg was Miss Holland in 1969

Maureen Renzen was Miss Holland in 1970

Mart Visser (1968) is modeontwerper van haute couture en prêt-à-porter. Hij kreeg op modeacademie Charles Montaigne les van Annemarie Brink.

Anita Ekberg (1931) is een van oorsprong Zweedse actrice, voor altijd beroemd als de blondine in de Trevifontijn in Fellini's *La dolce vita* (1960).

Esther Williams (1921) was zwemkampioene. Ze werd een Hollywoodster in badpak, in films als *Bathing Beauty* (1944) en *Million Dollar Mermaid* (1952).

Fong Leng (1937?) is modeontwerpster. Haar theatrale creaties werden fameus doordat ze de voorkeur genoten van Mathilde Willink (1938-1977).

Sophia Loren (1934) is de Italiaanse filmdiva die alom staat voor oerschoonheid.

11 Beminnen is een kunst

'O mio babbino caro' is een aria uit *Gianni Schicchi*, een opera van Giacomo Puccini uit 1918. De uitvoering van Maria Callas (1923-1977) uit 1954 vind ik de mooiste. Te vinden op YouTube, een filmpje in zwart-wit.

Alain Delon (1935) is een Franse acteur zonder weerga. Hij werkte met veel grote Franse en Italiaanse filmers. Maar hij was ook niet te beroerd om als Caesar in *Astérix aux Jeux Olympiques* (2008) de spot te drijven met zijn eigen ijdelheid.

In *A Room with a View* (Regie: James Ivory, 1985, naar de roman uit 1908 van E.M. Forster) werd Lucy Honeychurch gespeeld door Helena Bonham Carter. Haar vriend in Florence werd gestalte gegeven door Julian Sands. Daniel Day-Lewis speelt de *twit* met wie ze, eenmaal terug in Engeland, een verstandshuwelijk dreigt te sluiten.

Ophelia is een personage uit Shakespeares stuk *Hamlet* (1599-1601). De Nederlandse vertaling die ik citeer maakte L.A.J. Burgersdijk tussen 1884 en 1888.

Timi Yuro (1940-2004) was een zangeres met een snik in haar schorre stem. Ze zong 'Hurt' in 1961.

Louise Bourgeois (1911-2010) maakte in 1996 de zakdoek: 'Zonder titel (I Have Been To Hell and Back)'.

Antonia Fraser schreef met *Must You Go? My Life With Harold Pinter* (Uitg. Weidenfeld & Nicolson, Londen, 2010) een autobiografisch verslag van haar verhouding met de toneelschrijver Harold Pinter, van 1975 tot 2008. Pinters stuk *Betrayal* werd wereldberoemd door de verfilming met Ben Kingsley en Jeremy Irons. Ik herinner me de vele zoenende stellen op de stoep van de bioscoop, na afloop – allemaal bezig het eigen dreigende overspel uit die film te neutraliseren. Antonia Fraser (1932) schreef weergaloze historische romans, onder andere *Marie Antoinette: The Journey*. Dat boek werd in 2006 verfilmd door Sofia Coppola.

Sophie Calle maakte *Douleur Exquise* (uitg. Actes Sud, Parijs) in 2003. Sophie Calle (1953) baseert haar kunstwerken op het toeval en op haar eigen leven. Vaak met grandioos resultaat, zoals het project waarvoor ze voorbijgangers vroeg haar het ergste te vertellen wat ze ooit hadden meegemaakt. Verlaat een man haar, dan exploiteert ze haar reactie, met *Prenez soin de vous* (2007) als het voorlopige hoogtepunt. Ze bezweert dat ze niet uit is op wraak. Ze kan me nog meer vertellen. Het ik-zal-je-krijgen-gevoel is groot. En dat vind ik des te genialer omdat ze dat zo pertinent ontkent.

D.H. Lawrence: *Lady Chatterley's Lover* (1928). De roman werd vaak verfilmd, van Italië tot Japan. Zo werd de lady in 1955 in de Fanse versie geacteerd door Danielle Darrieux. In 1981 speelde Sylvia Kristel haar in een Engelse adaptatie. Mijn favoriete verfilming is van Pascale Ferran: *Lady Chatterley et l'homme des bois* (2006). Jean-Louis Coullo'ch speelt Parkin. Marina Hands speelt Lady Chatterley. De derde hoofdrol is voor de natuur.

12 **Mijn tante**

De Kleine Zeemeermin is een sprookje van Hans Christian Andersen. Mijn tante las het me voor uit een uitgave met illustraties van Gustave Doré. Ik herinner me nog levendig de verrukkelijk enge zeeheks.

13 **Het manifest 'Madonna'**

Amy Winehouse (1983) is een Britse zangeres met een verpletterende vampierstem en een minstens zo verpletterende aanwezigheid op het poppodium. De dvd die ik bekeek heet *I Told You I Was Trouble* en is een registratie van een optreden in Londen.

Madonna Louise Ciccone (1958) is popzangeres, performer, zakenvrouw, rolmodel. Al decennialang beïnvloedt ze miljoenen vrouwen en meisjes en ook mannen en jongens. Muzikaal maar vooral met haar levenshouding.
Haar acteerdebuut in *Desperately Seeking Susan* (Susan Seidelman, 1985) was veelbelovend. Daarna kwam haar acteertalent nooit meer tot zijn recht, ook niet in de speelfilm *Evita*. Maar de dvd's met haar concerten zijn allemaal het bekijken waard.
In Bed with Madonna (Alec Keshishian, 1991; ook wel *Madonna: Truth or Dare*) is zowel een tourfilm als een geslaagde documentaire.
Madonna's fotoperformanceboek *sex* (1992) is meesterlijk.
De song 'Material Girl' stond op haar debuutalbum *Like a Virgin* (1985) en dook meermalen op andere platen op.
'Diamonds Are a Girl's Best Friend' is een song uit de speelfilm *Gentlemen prefer blondes* (Howard Hawks, 1953).

Metropolis is een zwijgende speelfilm van Fritz Lang uit 1927.

De Amerikaanse choreograaf Bob Fosse (1927-1987) was een choreograaf en de grootmeester van de felle balletten. Hij was een zegen voor de actrice Liza Minelli in zijn film *Cabaret* (1972).

David Bowie (1947) is een popartiest die zich per album een ander imago aanmat. De 'Thin White Duke' was zijn verschijning bij *Station to Station* (1976).

Eva Perón (1919-1952) was de echtgenote van Juan Perón, de president van Argentinië. De naam Evita (Evaatje) kreeg ze van haar liefhebbende onderdanen.

Bette Midler (1945) is nu vooral een filmactrice maar ze werd beroemd met haar onewomanshows (zoals *The Divine Miss M*, ook op dvd) en als zangeres van hitsongs.

Sophie Tucker (1884-1966) was een Russisch-Amerikaanse zangeres uit het milieu van de burlesque en de vaudeville in de jaren twintig en dertig. Haar meest bekende song is 'My Yiddishe Momme', maar representatief is die niet. Al haar andere songs waren wat in haar dagen 'risqué' heette.

Jean-Paul Gaultier (1952) is een mode-ontwerper die zich baseert op ultravrouwelijke vormen en op de straatcultuur. Hij propageerde de mannenrok. Behalve voor Madonna maakte hij kostuums voor de shock-rockster Marilyn Manson.

Toen Antonio Banderas (1960) voor de camera Madonna's avances afwees, stond hij aan het begin van zijn carrière. Hij had alleen in vier films van de Spanjaard Pedro Almodóvar gespeeld.

Joan Crawford (1905-1977) is een icoon van de Amerikaanse cinema van de jaren veertig en vijftig. *Mildred Pierce* (Michael

Curtiz, 1945) en *Johnny Guitar* (Nicholas Ray, 1954) zijn maar twee films uit een indrukwekkend oeuvre, met Crawford meestal als de sterke vrouw die moet opboksen tegen vooroordelen en moreel geweld. In *Mommie Dearest* (1978) beschreef haar stiefdochter Cristina Crawford haar akelige jeugd, die werd beheerst door Crawford, die als de dood was om in welk opzicht dan ook de controle te verliezen.

14 Het slagveld

Un conte de Noël, 'Een kerstverhaal' (2008), is van Arnaud Desplechin. Catherine Deneuve speelt de moeder als een ongenaakbare, egomane vrouw. Het goede is dat ze toch sympathiek blijft.

Fanny och Alexander (1982) is misschien wel de mooiste film van de Zweedse cineast Ingmar Bergman (1918-2007). In de jongen Alexander herkennen we hemzelf: een argeloze verteller die surft op de golven van zijn fantasie en die dan tot zijn stomme ontzetting voor leugenaar uitgemaakt wordt.

Familie (2001) is de verfilming van Willem van de Sande Bakhuyzen van het gelijknamige toneelstuk van Maria Goos.

Festen (Thomas Vinterberg, 1998) is de beste familiefilm die ik ken. Hij vertelt een verhaal van incest en daarbovenop van verzwegen incest, wat het allemaal nog erger maakt.

Il y a longtemps que je t'aime (Philippe Claudel, 2008) vertelt over het zwijgen dat een familie lam legt. Het is tevens een meeslepend vrouwenverhaal, over een moeder die een moeder blijft, ook al is ze kindloos geraakt.

15 **Popmuziek**

The Rolling Stones traden op 8 augustus 1964 op in het Kurhaus (pluche, kroonluchters) in Scheveningen. Het duurde maar even. De fans begonnen de zaal af te breken en na het vierde nummer werd het concert gestaakt.

Janis Joplin (1943-1970). Blueszangeres en rockicoon van de jaren zestig. Na haar dood werd ze pas echt geliefd, met het album *Pearl* (1971) en met de single 'Me and Bobby McGee'. Ze zong meeslepend en haar giecheltje was niet te versmaden. Bette Midler speelde Joplin in de biografische film *The Rose* (1979).

Gonnie Baars (1947-2000) zong 'Alle leuke jongens willen vrijen' in 1967.

Patricia Paay (1949) zong 'Je bent niet hip' in 1967.

Karin Kent (1943) zong 'Dans je de hele nacht met mij?' in 1966.

Mariska Veres (1947-2006) maakte deel uit van de popgroep Shocking Blue.

Cher (1946) vormde een duo met Sonny. 'I Got You Babe' (1965) was hun eerste hit. Ik tippelde op het nasaal gezongen 'The Beat Goes On' (1967) en 'Bang Bang (My Baby Shot Me Down)', 1966. Toen ik een jaar of 15 was zwolg ik in de tragiek van de strofes: '*Bang Bang, I hit the ground/ Bang Bang, that awful sound...*'. Cher is inmiddels een popkoningin hors concours. Ze veroorlooft zich alle extremen in muziek, kleding en plastische chirurgie.

Blondie (1945) is de Amerikaanse popgroep waar Deborah Harry nog altijd bij zingt (een breuk in 1982 werd gelijmd in 1997). Het douche-citaat komt uit de song 'PictureThis' (1978).

16 La Mamma

Met *Roma* (1972) verklaarde Federico Fellini zijn liefde aan die stad. Het is een mozaïek van uitzinnige verhalen en nostalgische incidenten, door Fellini bij elkaar geassocieerd.

Filippino Lippi (1457-1504), was een leerling van Botticelli (die van 'De geboorte van Venus'). De Madonna waar ik het over heb, heet 'Madonna met kind en twee engelen' (1465). Het schilderij hangt in de Uffizi Galerijen in Florence en als ansichtkaart in elke kiosk.

De Madonna van Brugge van Michelangelo staat in de Notre Dame in Brugge en is uit ca. 1504.

Alien (Ridley Scott, 1979) is een legendarische horrorfilm, over een afgeleefd ruimteschip waar 'iets' is binnengedrongen. Sigourney Weaver speelt de onvergetelijke Ripley.

Roald Dahl (1916-1990) bundelde zijn verhaal 'Genesis and Catastrophe, a True Story' in *Kiss Kiss* (1962). Het verhaal heet ook wel 'A Fine Son'.

Pablo Picasso maakte moeders met kinderen zacht en lief en onmogelijk zoet. Zie bijvoorbeeld zijn 'Moeder en kind' uit 1920.

Martinus Nijhoff (1894-1953) schreef hét moederdaggedicht, dat begint met 'Moeder, weet je nog hoe vroeger'. De titel is 'Herinnering' en het is opgenomen in de bundel *De wandelaar* (1916).

Een hart van steen (1998) is een roman die Renate Dorrestein schreef, geïnspireerd door een epidemie van familiemoorden die er woedde in Nederland.

24 is de tv-serie in 24 delen per reeks, waarin een uur ook echt een uur duurt. Er werden tussen 2001 en 2010 acht series van vierentwintig afleveringen gemaakt, telkens rond Jack Bauer (gespeeld door Kiefer Sutherland), lid van de geheime dienst CTU in de VS. De vrouwelijke nerd en wizzkid Chloe (Mary Lynn Rajskub) ontwikkelt zich tot Jacks meest vertrouwde kameraad.

The Nanny (1993-1999) is een tv-serie die altijd wel ergens wordt herhaald. Fran Drescher schreef, produceerde en speelde de hoofdrol, als 'nanny Fran Fine'.

Mary Poppins (1964, met Julie Andrews), *The King and I* (1956, met Deborah Kerr) en *The Sound of Music* (1965, met Julie Andrews) zijn de oermusicals over gouvernantes. *Mrs Doubtfire* (1993, met Robin Williams) is geen musical maar wel oer wat het gouvernante-gevoel betreft.

The 101 Dalmatians is zowel een animatiefilm uit de studio's van Walt Disney (1961) als een speelfilm (1996). Het liedje over Cruella De Vil zit in de Disney-versie. Het werd ingezongen door Ben Wright.

Bambi (1942) is Disney's animatiefilm waarin de hertenmoeder sterft in een bosbrand. Er wordt veel bij deze film gehuild, zowel door het jonge als door het volwassen publiek.

De gelukkige huisvrouw is het romandebuut van Heleen van Royen (2000).

Anna Magnani (1908-1973) begon als toneelactrice. Ze bleef het theater trouw, maar ontwikkelde zich tot een van de eerste echte filmactrices van Europa. Haar stijl was luidruchtig, niet omdat de achterste rijen bereikt moesten worden maar omdat dat bij haar personages paste. Ze mat maar een meter zestig, wat haar haar bijnaam 'Nannarella' bezorgde: kaboutervrouwtje.

Anna Magnani viel Italië en vervolgens de wereld op in *Roma città aperta* (Rome open stad, 1945, Roberto Rossellini), de film die duidelijk maakte wat de Tweede Wereldoorlog had gedaan met Rome en met de Italianen. *The Rose Tattoo* (1955) is de verfilming van het toneelstuk dat haar bewonderaar en vriend Tennessee Williams in 1951 speciaal voor haar schreef. Magnani speelde alleen de filmrol, daar kreeg ze een Oscar voor. Omdat haar Engels nietgoed genoeg was, vervulde Maureen Stapleton de rol op het toneel. In *Bellissima* (Luchino Visconti, 1952) speelde Magnani haar meest ontroerende rol. Alhoewel, *Mamma Roma* (1962) van Pier Paolo Pasolini doet er niet voor onder.

Giuseppe Verdi (1813-1901) is een geliefde operacomponist. Tot op de dag van vandaag worden er in Italië op straat deuntjes uit zijn werk gefloten.

17 Vrouwen zijn leuker

Rineke Dijkstra (1959) is een Nederlandse fotografe die over de hele wereld werkt en exposeert. De titel van de foto van het meisje in het groene badpak die bekend werd als haar 'Venus' is: 'Kolobrzeg, Poland, July 26, 1992'. De foto van het meisje in de oranje bikini heet 'Hilton Head Island, S.C. USA, 24 juni 1992'.
De video-installatie met Nicky heet *The Krazyhouse, Liverpool, UK (Megan, Simon, Nicky, Philip, Dee), 2009*.
Muziek bij Nicky's segment is de song 'Need to Feel Loved' van Adam Kaye & Soha.

Sandro Botticelli schilderde het populaire schilderij *De geboorte van Venus* (ca. 1483). Het toont een vrouw die op een grote schelp aan land wordt gevaren. Het hangt in Florence in de Uffizi Galerijen in dezelfde zaal als Botticelli's andere geliefde schilderij: *La primavera*, de lente (ca. 1478). In het centrum van dat doek staat een vrouw die lijkt op Botticelli's Venus en die bijna dezelfde houding aanneemt.

La pisseuse van Pablo Picasso, geschilderd in 1965. Ik zag het doek in het Centre Pompidou in Parijs. Ik moest meteen plassen.

Annie M.G. Schmidt schreef *Floddertje* (1968-1969) als reclame bij een wasmiddel. 'Het fluitketeltje' staat in de gelijknamige bundel (1950). Het werd een beroemd kinderlied, wat niet voor de hand ligt want de inhoud is toegesneden op huisvrouwen: 'een pan met andijvie' en 'lapjes met jus'. *Het schaap Veronica* (1951) en *Kom zei het schaap Veronica* (1953) zijn bundels van de schaapgedichten.

Astrid Lindgren publiceerde *Pippi Langkous* tussen 1945 en 1948. In de jaren zeventig werd Pippi echt een volksheldin door de tv-serie, met Inger Nilsson. Op de Nederlandse televisie sprak zij met de stem van Paula Majoor.

Who Framed Roger Rabbit (Robert Zemeckis, 1988) is een dolle film waarin de wereld van de tekenfilm de realiteit binnen dringt.

In *The Devil Wears Prada* excelleert Meryl Streep als Miranda Priestley, hoofdredactrice van een toonaangevend modeblad.

Elektra is de spil van de gelijknamige tragedie van Sophocles (496-406 v.Chr.). Zij staat voor wraak, eerwraak en compromisloosheid.

Alice in Wonderland (1865) werd geschreven door Lewis Caroll. Er zijn pakhuizen vol boeken over geschreven, met uiteenlopende interpretaties van dit verhaal over een meisje dat te hard groeit en tegelijk klein is. Wie het boek nooit las zou dat zo snel mogelijk moeten doen.

The Wizard Of Oz (Victor Fleming, 1939) is een film die tot het hart van de Amerikaanse cultuur behoort. Vele kunstenaars hebben naar de film verwezen, bijvoorbeeld David Lynch in zijn film *Wild at Heart* (1990). De rode glitterschoenen die Judy Garland droeg toen ze hoofdpersoon Dorothy speelde, staan in een vitrine in het National Museum of American History in Washington. 'Toto, I have a feeling we're not in Kansas anymore...'

Uitleiding

De hoofdstukken zes, zeven, tien en veertien zijn gebaseerd op verhalen die ik schreef voor *NRC Handelsblad*.

Voor de hoofdstukken vier, twaalf en vijftien ging ik uit van mijn columns voor *Elegance*.

Hoofdstuk negen verscheen, een beetje anders, in *Hollands Diep*.

En:

Dank je wel, Kamagurka.

Dubbel dank je wel, Rineke Dijkstra.

Illustratieverantwoording

Lucian Freud, *Ib and her Husband*, olieverf op doek, 1992
Particuliere collectie
Foto Bridgeman Art Library, Londen

De Venus van Hohle Fels
Foto Hilde Jensen, Universiteit van Tübingen

Leonardo da Vinci, *De dame met de hermelijn*, olieverf op hout, ca. 1490
Collectie Czartoryski Museum, Krakau

Rembrandt van Rijn, *Danaë*,
olieverf op doek, 1636
Collectie De Hermitage, St. Peters-
burg

Scène uit *Sarcasmen*, een ballet
van Hans van Manen
Foto Jorge Fatauros
Collectie Het Nationale Ballet

La Saraghina. Filmstills uit *8½*
(1963) van Federico Fellini

Filmstill uit *Riso amaro* (1948)
van Giuseppe de Santis
3e van rechts: Silvana Mangano
Collectie Cinemien

Kamagurka, *Praying for more*,
mixed media op doek, 2008
Particuliere collectie

Filmstills uit *Rear Window* (1954)
van Alfred Hitchcock

Schoonheidskoninginnen.
Met de wijzers van de klok mee:
Annemarie Brink, Anja Schuit,
Elly Koot, Welmoed Hollenberg
Foto's Anuschka Blommers /
Niels Schumm

Louise Bourgeois, *I have been to
hell and back,* embroidery on
fabric, 1990
© Louise Bourgeois Trust / VAGA,
New York, c/o Pictoright Amsterdam 2010

Madonna in de clip *Material girl*
© Image Select

Filmstill uit *Un conte de Noël*
(2008) van Arnaud Desplechin
v.l.n.r. Anne Consigny, Hippolyte
Girardot en Catherine Deneuve
© Kobal Collection

Mariska Veres met de mannen van
Shocking Blue, januari 1960
Foto Cor van der Beek en Robbie
van Leeuwen
© Getty Images

Anna Magnani. Filmstill uit *Bellissima* (1953) van Luchino Visconti
Collectie Cinemien

Rineke Dijkstra, *Nicky* in *The Krazy House*, 2009
Collectie Rineke Dijkstra